decodificando
MARIA
MADALENA

Amy Welborn

decodificando MARIA MADALENA

A Verdade, as Lendas e as Mentiras

Tradução
ROSANE ALBERT

EDITORA CULTRIX
São Paulo

Título original: *De-coding Mary Magdalene: Truth, Legend, and Lies.*

Copyright © 2006 Our Sunday Visitor Publishing Division, Our Sunday Visitor, Inc.

Todos os direitos reservados. Nenhuma parte deste livro pode ser reproduzida ou usada de qualquer forma ou por qualquer meio, eletrônico ou mecânico, inclusive fotocópias, gravações ou sistema de armazenamento em banco de dados, sem permissão por escrito, exceto nos casos de trechos curtos citados em resenhas críticas ou artigos de revistas.

A Editora Pensamento-Cultrix Ltda. não se responsabiliza por eventuais mudanças ocorridas nos endereços convencionais ou eletrônicos citados neste livro.

Na tradução deste livro, os trechos da Bíblia foram extraídos da Bíblia traduzida por João Ferreira de Almeida — 3ª impressão, 1948.

Dados Internacionais de Catalogação na Publicação (CIP)
(Câmara Brasileira do Livro, SP, Brasil)

Welborn, Amy
  Decodificando Maria Madalena : a verdade, as lendas e as mentiras / Amy Welborn ; tradução Rosane Albert. -- São Paulo : Cultrix, 2006.

  Título original: De-coding Mary Magdalene
  ISBN 85-316-0935-6

  1. Igreja - História 2. Maria Madalena, Santa I. Título.

06-3210   CDD-282.092

Índices para catálogo sistemático:
1. Santas : Igreja Católica : Biografia e obra 282.092

O primeiro número à esquerda indica a edição, ou reedição, desta obra. A primeira dezena à direita indica o ano em que esta edição, ou reedição, foi publicada.

Edição
1-2-3-4-5-6-7-8-9-10-11

Ano
06-07-08-09-10-11-12-13-14

Direitos de tradução para o Brasil
adquiridos com exclusividade pela
EDITORA PENSAMENTO-CULTRIX LTDA.
Rua Dr. Mário Vicente, 368 — 04270-000 — São Paulo, SP
Fone: 6166-9000 — Fax: 6166-9008
E-mail: pensamento@cultrix.com.br
http://www.pensamento-cultrix.com.br
que se reserva a propriedade literária desta tradução.

Impresso em nossas oficinas gráficas.

Dic nobis, Maria,
quid vidisti in via?
"Victimae Paschali Laudes", século XI

SUMÁRIO

Introdução 9
UM: Maria de Magdala 15
DOIS: "Por que você está chorando?" 25
TRÊS: A Verdadeira Maria? 33
QUATRO: Apóstola dos Apóstolos 49
CINCO: Qual das Marias? 56
SEIS: "A Lenda Áurea" 65
SETE: Tocar a Madalena 81
OITO: Rumo ao Oriente 88
NOVE: A Arrependida 97
DEZ: Maria e os Místicos 108
ONZE: A Madalena na Arte 119
DOZE: A Redescoberta 130
Epílogo 140
Outras Leituras 144
Apêndice A: Maria Madalena nos Evangelhos 146
Apêndice B: "Evangelho de Maria" 154

INTRODUÇÃO

Igual-aos-Apóstolos.
Pecadora Abençoada.
Esposa de Jesus.
... Deusa?

O resumo impressiona, mesmo que em última análise seja fantasioso, mas na verdade ele apenas resvala nas diferentes interpretações que foram dadas a Maria Madalena nos últimos dois mil anos. Lendas, mitos e a satisfação de anseios abundam, mas qual é a verdade — fundamentada nas evidências da história — sobre Maria Madalena?

Maria Madalena foi uma figura de enorme importância no período do Cristianismo primitivo. Ela era, depois da Santíssima Virgem Maria, a santa mais importante da Idade Média. O seu *cultus* revela muito sobre a visão medieval em relação a mulheres, sexualidade, pecado e arrependimento. Hoje, Maria Madalena está passando por um renascimento, não partindo tanto do Cristianismo institucional, mas surgindo entre as pessoas, mulheres em sua maioria, algumas cristãs, muitas não, que a adotaram como inspiradora e padroeira de suas próprias manias, caminhos e fantasias espirituais.

> Maria Madalena é a santa padroeira dos contemplativos, dos convertidos, dos farmacêuticos, dos fabricantes de luvas, dos cabeleireiros, dos pecadores arrependidos, dos perfumistas, da tentação sexual e das mulheres.

Este livro é uma introdução básica aos fatos e à ficção que envolvem Maria Madalena. Nele, vamos revelar o que as Escrituras têm a dizer sobre a identidade dela e o papel que desempenhou no Cristianismo apostólico. Veremos que, logo depois do período apostólico, ela foi adotada por um movimento que lhe refez a imagem para apoiar sua própria argumentação teológica — uma dinâmica que vemos com estranheza e, sem ironia, repete-se atualmente.

Examinaremos de que modo tanto o Cristianismo ocidental quanto o oriental a descreveram, reverenciaram e foram inspirados por ela, e como as histórias a respeito dela divergiam. No Ocidente, durante a Idade Média, a história de Maria Madalena seria, antes de mais nada, um modo de ensinar os cristãos a respeito do pecado e do perdão: como se arrepender, com a esperança da redenção ao alcance de todos. Ela fez inúmeras aparições na arte religiosa pictórica, escrita e encenada. Inspirou muitos a ajudarem mulheres e crianças que haviam caído na prostituição ou simplesmente passavam necessidade. Ela inspirou os franciscanos e dominicanos em seus esforços para pregar a regeneração e o arrependimento.

Isso tudo parece muito positivo e, mais do que isso, é verdadeiro. Não é, entretanto, a idéia transmitida pelos comentaristas contemporâneos sobre a imagem histórica de Maria Madalena.

Muitas pessoas podem ter se interessado por Maria Madalena graças ao romance *O Código Da Vinci*, de Dan Brown. Nesse livro, o autor, pescando nas águas efervescentes da cultura pop e em textos pseudo-históricos dos últimos quinze anos ou um pouco mais, apresenta uma Maria Madalena completamente diferente da mulher que encontramos nos Evangelhos e no credo cristão tradicional. Ela era, segundo Brown, a escolhida para liderar o seu movimento; a portadora da mensagem de Jesus sobre a unidade dos aspectos masculino e feminino da realidade; uma líder valente e respeitada que sofria a oposição de uma outra facção de apóstolos de Jesus liderada por Pedro; a mãe da filha de Jesus; e, por último, ela mesma uma espécie de figura divina. Maria Madalena é nada menos do que o próprio Santo Graal, carregando o "sangue" de Jesus na forma da sua filha.

Maria Madalena foi verdadeiramente uma figura gloriosa, mas que a igreja patriarcal não poderia permitir que desabrochasse. Por isso, continua a história, criou-se uma nova imagem de Maria: aquela da prostituta arrependida. Essa Maria Madalena, degradada e decaída, era o instrumento de uma conspiração para degradar e rebaixar as mulheres em geral, além de enterrar a "verdade", de uma vez por todas, sobre a liderança de Maria Madalena no Cristianismo primitivo.

A teoria falha em alguns níveis. Primeiro, não há evidências que sustentem essa teoria. Isso já deveria parecer um obstáculo desanimador. Houve certamente outras interpretações de Jesus além da vivência e testemunho ortodoxos e apostólicos sobre ele. Em geral, chamamos essas interpretações de "heresias". Maria Madalena foi usada, em escala menor, por alguns desses mesmos grupos para personificar seus ensinamentos, mas — e este é um ponto importante — *os escritos desses grupos datam de, pelo menos, dois séculos depois da vida de Jesus e não têm ligação com os acontecimentos do período.* A competição Maria–Pedro é um mito e uma deturpação desses textos, que realmente têm um valor histórico — só que pelo que eles nos contam sobre o Gnosticismo dos séculos III e IV, e não sobre o movimento de Jesus no século I.

> A heresia que alguns pensadores modernos acreditam que fale mais sobre Maria Madalena é o Gnosticismo, que era um sistema difuso de pensamento que ensinava, de modo geral, que o mundo material era mau e que a salvação vinha quando se libertava o espírito aprisionado no corpo. Os cristãos gnósticos viam Jesus como um mestre gnóstico, e alguns sistemas gnósticos apresentavam Maria como uma de suas alunas mais sábias.

A imagem de Maria Madalena como pecadora arrependida certamente é um desdobramento medieval, mas, como veremos, é conseqüência não de uma trama política, mas de uma fusão, não inteiramente ilógica, de Maria com outras figuras dos Evangelhos. A lógica dos teóricos da conspiração também é falha. Se o patriarcado aspirava rebaixar a Madalena, então fez um trabalho muito malfeito, porque é difícil ver uma figura que inspirava a prece, a devoção, incontáveis boas obras, e que era respeitada e venerada como uma santa, e que foi mesmo retratada popularmente na arte e na pregação, como uma criatura decaída, degradada. Aqueles que esposam essas teorias demonstram, cada vez que escrevem uma frase, uma terrível, mas não surpreendente, ignorância do contexto histórico e cultural.

A trama de Brown é uma versão simplificada de algumas teorias esotéricas sobre Maria Madalena muito complicadas, um gênero de especulação que provavelmente encontra a sua maior personificação em Margaret Starbird, autora de *The Woman with the Alabaster Jar: Mary Magdalene and the Holy Grail* e *Maria Madalena, a Noiva no Exílio,* publicado pela Editora Cultrix.

Tenha a certeza de que esse tipo de teorização não é levado a sério por nenhum estudioso, seja ele secular ou hostil ao Cristianismo tradicional. Quando falo a respeito de *O Código Da Vinci*, muitas vezes encontro pessoas que se prendem a esse romance, como também à sua inspiração, *Holy Blood, Holy Grail, The Templar Revelation,* e à obra de Starbird, como exercícios sérios de história. Eles não são. Se você duvida de mim, basta aplicar um teste simples. Essas obras são usadas em algum curso de História do Cristianismo em qualquer universidade de qualquer linha, secular ou religiosa? A resposta é: não.

Em minha pesquisa para este livro, li muito da cultura histórica contemporânea sobre Maria Madalena. As teorias de Brown, Starbird e outros autores desse tipo são mencionadas apenas em confusas notas de rodapé na cultura popular. A maior obra escrita sobre a história do Santo Graal nos últimos anos, *The Holy Grail: Imagination and Belief*, publicada pela Harvard University Press, não menciona Maria Madalena em nenhuma de suas 370 páginas de texto.

Será que todos eles também fazem parte da conspiração?

As teorias da Madalena–Esposa–Rainha–Deusa–Santo-Graal não constituem história séria, por isso, francamente, não vamos aborrecê-lo com elas até o capítulo final, quando vamos apenas resumi-las. O que estaremos examinando — a história da pessoa e da imagística de Maria Madalena — é suficientemente intimidador, rico e fascinante.

A cultura contemporânea sobre Maria (e, na verdade, sobre grande parte da história das práticas espirituais e religiosas) está crescendo tão depressa e com tal riqueza que tudo o que podemos fazer aqui é simplesmente fornecer uma introdução. Uma introdução meticulosa e objetiva, espero, mas o fato é que a cultura em germinação sobre Maria Madalena é muito vasta, e grande parte dela, particularmente a que trata do período medieval, não está ainda disponível em inglês. Organizei uma bibliografia anotada no final deste livro para os leitores interessados em aprofundar-se neste assunto.

A nossa breve pesquisa será sem dúvida reveladora, conforme formos descobrindo o quanto Maria Madalena foi profundamente reverenciada, usada e, sim, indevidamente usada e usada de maneira equivocada pelos cristãos ao longo dos séculos. A história, espero, será estimulante no melhor sentido, porque o fato é que o maior interesse em Maria Madalena no Ocidente atualmente vem daqueles que estão fora da rota do Cristianismo tradicional apostólico, ou que estão ligados a ele apenas nominalmente. Os católicos romanos em particular parecem ter perdido o interesse nela, como, é preciso admitir, eles o fizeram em relação à maioria dos santos.

Muitas pessoas estão prestando atenção à Madalena construída por elas mesmas, uma figura com uma ligação apenas remota com a Santa Maria Madalena de séculos de testemunho da devoção cristã.

Possa a história recontada neste livro fazer parte da recuperação de Maria Madalena, para que assim seja possível ouvi-la falar claramente, como ela faz nos Evangelhos: por Jesus Cristo, o seu Senhor Ressuscitado.

> **NOTA SOBRE OS TERMOS**
>
> *Ortodoxa*, quando em maiúscula, refere-se às Igrejas Ortodoxas Orientais. Quando não, "ortodoxo" refere-se ao Cristianismo que se origina constrangidamente nas Escrituras, nos ensinamentos apostólicos e na tradição do Cristianismo primitivo.
>
> *Cultus*, ou "culto", quando se referir aos santos, não tem uma conotação depreciativa. É um termo usado para práticas devocionais que envolvem um santo em particular.

Um

MARIA DE MAGDALA

Antes das lendas, dos mitos e da especulação, e até mesmo antes dos *best-sellers*, havia alguma coisa a mais: os Evangelhos. A figura de Maria Madalena inspirou uma riqueza em obras de arte, de devoção e de caridade por toda a história do Cristianismo, mas se quisermos realmente entendê-la, precisamos abrir os Evangelhos, porque tudo o que realmente sabemos sobre ela com certeza está exatamente ali.

As evidências parecem, à primeira vista, frustrantemente débeis: sua apresentação em Lucas e, então, a presença de Maria junto à cruz e no sepulcro vazio mencionado nos quatro Evangelhos. Não parece o suficiente para prosseguirmos.

Mas, no contexto, a situação não é tão ruim quanto parece. Afinal, ninguém além de Jesus é descrito com detalhes nos Evangelhos, e até mesmo o retrato de Jesus, tão evocativo quanto possa ser, omite pormenores que nós, os modernos, estamos programados para achar que são importantes. Talvez, dado o contexto, os Evangelhos nos digam mais sobre Maria Madalena do que pensamos.

Confiável?

Antes de realmente conhecermos a Maria Madalena dos Evangelhos, seria uma boa idéia nos lembrarmos do que são exatamente os Evangelhos e como devemos lê-los.

A palavra "Evangelho" significa, é claro, "boas novas", ou *evangel* em grego, daí chamarmos os escritores dos Evangelhos de evangelistas. Os quatro Evangelhos do Novo Testamento têm sido aceitos como os textos mais autorizados e precisos sobre a vida de Jesus desde o início do século II. Ainda hoje, os estudiosos que se dedicam ao Cristianismo primitivo, sejam eles crentes ou não, sabem que quando estudam Jesus e o movimento do Cristianismo primitivo, os Evangelhos e os outros textos do Novo Testamento são o ponto de partida.

Algumas vezes, quando dou palestras sobre este assunto, respondo a perguntas sobre a confiabilidade dos Evangelhos. Um ouvinte questionador dirá alguma coisa mais ou menos assim: "Eles foram escritos *tanto tempo* depois dos acontecimentos, como poderemos confiar que estão dizendo a verdade?"

Além disso, mesmo as pessoas que receberam algum tipo de educação religiosa podem ter sido ensinadas, implicitamente, a adotar uma posição cética em relação aos Evangelhos. Somos lembrados que os Evangelhos não constituem história nem são uma biografia, e que eles nos contarão muito mais sobre a comunidade que os produziu do que sobre o próprio Jesus.

Em resumo, tudo isso é despejado na convicção de que, quando se trata do Cristianismo primitivo, todos os documentos e textos têm o mesmo valor quando nos falam de Jesus. Não sendo possível escolher o melhor em termos de confiabilidade histórica, então você escolhe o texto que traz a "história" que apresenta um significado maior para você. Assim, se o Evangelho de Marcos não o agrada, você pode ir adiante e criar o seu Jesus daquilo que lê no *Evangelho de Filipe* ou em *Pistis Sophia*.

Sinto muito, mas simplesmente não é assim que funciona o processo. Como veremos mais detalhadamente quando chegarmos aos textos gnósticos, não há a menor comparação possível entre os quatro Evangelhos e os outros textos. Os Evangelhos canônicos *não* datam de um período tão distante dos acontecimentos descritos — apenas quarenta ou cinqüenta anos — e foram escritos a partir de uma cultura oral que tomava muito cuidado a fim de preservar o que tinha ouvido; a história da comunidade dependia disso. Quando você lê realmente os Evangelhos, percebe aqui e ali comentários dos próprios evangelistas sobre o que eles estavam tentando fazer, e parte disso exigia, segundo o que eles mesmos admitem, que fossem tão precisos quanto possível (ver Lucas 1:1–4, por exemplo).

Não, os Evangelhos não constituem exatamente história ou biografia no sentido contemporâneo. Eles são testemunhos de fé, mas são testemunhos de fé alicerçados no *que realmente aconteceu*. Os evangelistas, e por extensão os primeiros cristãos, não iam inventar histórias pelas quais, mais tarde, estranhamente, perderiam a vida. Eles não estavam habilmente apresentando a sua transformação psicológica interior em forma de histórias concretas. Eles eram *testemunhas* da ação surpreendente de Deus na história, por intermédio de Jesus. O testemunho deles era fruto da fé, sim, mas fé com raízes na realidade do movimento de Deus no mundo.

É bom também ouvir cuidadosamente os críticos dos Evangelhos. Na maioria das vezes, aqueles que fazem pouco dos Evangelhos são rápidos em declarar algum outro texto como "evangelho", como fonte da verdade. A escolha deles em que acreditar normalmente está longe de ter alguma relação com a confiabilidade histórica, ligando-se a outros fatores.

Portanto, não, nem todos os textos históricos têm a mesma confiabilidade. Quando se trata de Jesus e dos acontecimentos da primeira metade do século I, os Evangelhos canônicos são realmente a única referência de onde se deve começar.

Agora, vamos nos dedicar a Maria Madalena.

Magdala

Lucas nos apresenta Maria Madalena no capítulo 8 do seu Evangelho:

> "E aconteceu, depois disto, que andava de cidade em cidade, e de aldeia em aldeia, pregando e anunciando o evangelho do reino de Deus; e os doze iam com ele. E algumas mulheres que haviam sido curadas de espíritos malignos e de enfermidades: Maria, chamada Madalena, da qual saíram sete demônios; e Joana, mulher de Cusa, procurador de Herodes, e Suzana, e muitas outras que o serviam com suas fazendas." (Lucas 8:1–3)

Portanto, aqui está ela: uma mulher de quem Jesus expulsou sete demônios, junto com outras mulheres, todas curadas por Jesus, que tinham abandonado suas vidas para segui-lo.

Maria é a primeira a ser citada na lista, como acontece em todas as listas de discípulas, em todos os Evangelhos, do mesmo modo que o nome de Pedro aparece em primeiro lugar em todas as menções aos doze apóstolos. É impossível determinar o motivo exato da preeminência constante de Maria, mas podemos imaginar que deve ter muito a ver com o importante papel que desempenhou na ocasião da Ressurreição, como também em reconhecimento à sua lealdade a Jesus.

Essas mulheres "os serviam com suas fazendas". Isso pode ter um significado ou outro, ou ambos: que as mulheres serviam a Jesus e aos discípulos preparando-lhes comida e prestando-lhes outros serviços desse tipo, ou os sustentando financeiramente. A segunda explicação é apoiada pela presença de Joana, a mulher de um membro da corte de Herodes, na lista. Talvez algumas dessas mulheres fossem, realmente, ricas o suficiente para dar uma sustentação financeira ao ministério de Jesus. (Algumas lendas sobre

Maria aproveitaram-se disso, como veremos adiante, para sugerir que ela era muito rica, possuindo mesmo a cidade de Magdala.) O que se depreende sobre Maria é que ela é identificada não pelo seu relacionamento com um homem, como acontecia com muitas mulheres naquele tempo, mas com uma cidade. Isso mostra que Maria não era casada, e talvez tivesse sobrevivido ao pai e outros parentes homens: era uma mulher sozinha, capaz de sustentar Jesus por gratidão por aquilo que ele tinha feito por ela.

Magdala estava localizada na margem ocidental do Mar da Galiléia, cerca de seis quilômetros e meio ao norte da importante cidade de Tiberíades. Atualmente, é uma cidade com algumas centenas de habitantes, algumas escavações arqueológicas abandonadas, e somente os mais insignificantes monumentos dedicados à sua mais importante moradora.

A palavra "Magdala" é derivada do termo hebraico *Migdal*, que significa "fortaleza" ou "torre". A cidade é também chamada "Tarichea", que significa "peixe salgado", um nome que revela a atividade básica da cidade durante o século I, o salgamento e a conservação do peixe. Escavações conduzidas pelos franciscanos nos anos 1970 revelaram uma estrutura que alguns julgam ser de uma sinagoga (outros acham que era uma pequena construção usada para a conservação de leite ou carne), como também algumas casas de campo grandes e, de séculos posteriores, o que pode ser um mosteiro bizantino. Magdala é descrita por Josefo, um historiador judeu do século I, como tendo quarenta mil habitantes, seis mil dos quais foram mortos em uma das batalhas ocorridas durante a revolta judaica (66–70 d.C.), mas a maioria dos historiadores modernos acredita que esses números sejam exagerados.

As tradições judaicas sugerem que Magdala afinal foi destruída como castigo por causa da prostituição, e uma outra corrente afirma que em tempos antigos as filhas de Jó morreram lá. Relatos de peregrinos dos séculos IX ao XIII registram a existência de uma igreja em Magdala, supostamente construída no século IV por Santa Helena, que descobriu a Verdadeira Cruz em Jerusalém. No século XVII, peregrinos registraram nada além de ruínas em Magdala.

Possuída

Maria — como Pedro, André e os outros apóstolos — afastou-se do tipo de vida que tinha vivido até então, abandonou tudo para seguir Jesus. Por quê?

"... da qual saíram sete demônios."

Exorcismo é um aspecto do ministério de Jesus do qual muitos se esquecem ou ignoram, mas os Evangelhos deixam claro o quanto era importante: Marcos, de fato, descreve um exorcismo como o primeiro ato poderoso de Jesus, em meio à sua pregação (1:25). Alguns comentadores modernos podem declarar que aquilo a que os antigos se referiam como possessão não passava de uma doença mental, mas não há realmente motivo para aceitar que essa restrição seja verdadeira. Os "demônios", ou espíritos imundos ou malignos, que vemos mencionados sessenta e três vezes nos Evangelhos, eram compreendidos como forças que verdadeiramente possuíam as pessoas, morando nelas, acarretando-lhes o que poderíamos descrever como problemas mentais, distúrbios emocionais e até mesmo doenças físicas. Os sintomas, entretanto, eram, para a mentalidade antiga, somente isso: sintomas. O problema mais profundo era a alienação em relação ao resto da família humana e de Deus produzida por essa misteriosa força do mal.

No mundo em que Jesus vivia, sete era um número que simbolizava conclusão, dos sete dias da criação (Gênesis 1:1–2:3) aos sete selos no livro de Deus no Apocalipse (5:1) e a sete pontas e olhos do Cordeiro na mesma visão (5:6). A possessão de Maria por sete demônios (também mencionada explicitamente em

Marcos 16:9) nos indica que a possessão dela era grave e esmagadora — na verdade, completa. Ela estava inteiramente nas garras desses espíritos malignos, e Jesus libertou-a — completamente. Assim, naturalmente, ela abandonou tudo e o seguiu.

É importante destacar agora, apesar de tratarmos desse assunto mais adiante, que em nenhum lugar do Novo Testamento o estado de possessão é sinônimo de pecaminoso. Os "pecadores" nos Evangelhos — os coletores de impostos, aqueles que não agiam segundo a Lei ou não a observavam, as prostitutas — são nitidamente diferenciados dos possuídos. Alguns pensadores cristãos ligaram Maria Madalena a várias pecadoras, mulheres não identificadas nos Evangelhos, por causa da sua antiga possessão. Pode ser que existam motivos, na verdade, para ligar Maria a essas mulheres, mas a possessão não é um deles, porque esses dois estados — o de possessão e o de pecado — não significam a mesma coisa para os evangelistas.

Discípula

Os evangelistas usaram os textos, as lembranças e as tradições orais que eles tinham à mão para comunicar as Boas Novas sobre Jesus. Como seres humanos, o texto e a edição deles traz a marca das preocupações e interesses exclusivos de cada um. Da mesma forma como um marido e sua esposa podem contar a mesma história enfatizando diferentes aspectos dela a fim de firmar posições diferentes — talvez um conte a história da perda de um vôo como um aviso sobre ser organizado e estar sempre pronto, enquanto o outro vai dizer que é uma forma de mostrar a necessidade de seguir conforme a corrente —, os evangelistas deram forma à história fundamental de Jesus segundo o que mais tocava cada um na condição de pontos mais significativos a respeito dele e de seu ministério, aquilo que os seus ouvintes mais precisavam ouvir.

No capítulo 8 do seu Evangelho, Lucas conclui a apresentação de Jesus e está pronto para realmente ajudar o seu público a entender o que significa ser um discípulo. Ele começa pela descrição de quem estava acompanhando Jesus — os Doze e as mulheres — e então dá uma descrição geral do ministério de Jesus. Jesus conta a sua primeira parábola (a parábola do semeador e das sementes, que é a primeira parábola contada por Jesus em todos os Evangelhos), então rapidamente acalma uma tempestade, realiza um outro exorcismo dramático, ressuscita uma menina e, em meio a tudo isso, ele afirma a seus seguidores que as suas ligações de sangue não são com a sua família, mas com aqueles que "ouvem a palavra de Deus e a executam" (Lucas 8:21).

Portanto esse é o contexto da apresentação de Maria Madalena e das outras mulheres — não apenas para estabelecer o cenário, completar o elenco de personagens, porque Lucas, como todos os outros evangelistas, não tinha pergaminho para desperdiçar com isso. Cada palavra que escreveu tinha um propósito, e era bem dirigida — aqui, para estabelecer diante de nós, em pinceladas rápidas e fortes, do que se tratava o reino de Deus. O que aprendemos com relação à presença dessas mulheres?

Primeiro, aprendemos que essas mulheres estavam presentes, ponto. As mulheres não eram tratadas de modo nenhum como escravas ou peças de mobília no século I do Judaísmo, mas também não eram vistas com freqüência, se é que alguma vez, abandonando a sua vida normal para seguir um rabino. De fato, o estudioso Ben Witherington descreve essa conduta como "escandalosa" naquele contexto cultural (*Women in the Ministry of Jesus* [Cambridge University Press, 1984]):

> "Sabemos que era permitido às mulheres escutar a palavra de Deus na sinagoga, mas elas nunca eram discípulas de um rabino, a menos que o marido ou mestre fosse um rabino e desejasse ensiná-las. Embora uma

> mulher pudesse aprender certos preceitos negativos da Lei além do necessário, isso não significava que elas teriam explicações rabínicas sobre a Torá. Para uma mulher judia deixar a casa e viajar com um rabino não era apenas inaudito, era escandaloso. Ainda mais escandaloso era o fato de que mulheres, tanto as respeitáveis quanto as que não eram, estavam entre os companheiros de jornada de Jesus." (Witherington, p. 117)

E não apenas mulheres comuns. Como observamos antes, Maria Madalena estivera possuída anteriormente por sete demônios. Nessa cultura, os que tinham sido possuídos eram postos no ostracismo — um homem a quem Jesus exorcizou morava num cemitério (Lucas 8:27). Maria Madalena, antigamente colocada à margem da sociedade, tinha sido transformada por Jesus e agora era bem-vinda como discípula. Foram derrubadas também as barreiras de classe, como sugere Lucas, com a presença de Joana, a mulher de uma pessoa importante. No reino de Deus, Lucas deixa claro, o mundo que conhecemos é virado de cabeça para baixo.

Como cada frase e cena nos Evangelhos é cuidadosamente escolhida sob a inspiração do Espírito Santo, todas as partes do Evangelho ficam desse modo relacionadas. Conhecemos Maria Madalena aqui, mas não vamos vê-la novamente por muitos capítulos — até que comece a narrativa da Paixão. Mas, quando a encontrarmos — novamente com as outras mulheres —, eis o que ela estará fazendo: ela vai estar perto da cruz, irá preparar o corpo de Jesus para a sepultura e, mais tarde, vai testemunhar o sepulcro vazio e encontrar Jesus ressuscitado.

Maria ainda estará servindo. Ela serve, olha e aguarda — único elo que permanece entre o ministério do Jesus galileu, a sua Paixão e a Ressurreição. Ela é apresentada como uma discípula agradecida e leal, e assim ela vai permanecer, uma testemunha da vida que Jesus oferece. Entretanto, existe ainda uma espécie de mistério: o que eram esses demônios? O que aconteceu exatamente com Maria? Os evangelistas não nos contam isso, talvez porque eles e a própria Maria soubessem que na vida com Jesus não se trata de olhar para o passado, mas se alegrar no poder de Deus para transformar a vida no presente.

Questões para Reflexão

1. O que os Evangelhos nos contam sobre a vida de Maria Madalena?
2. O que a presença dela no ministério de Jesus diz a você sobre o reino de Deus que Jesus pregava?
3. Como o poder de Deus tem se manifestado em sua vida? Como você reage a isso? Como gostaria de corresponder?

Dois

"POR QUE VOCÊ ESTÁ CHORANDO?"

Lucas é o único evangelista a mencionar Maria Madalena antes das narrativas da Paixão, mas assim que esses acontecimentos começam a se desenrolar, Maria é uma presença constante em todos os Evangelhos, sem exceção. Nos primeiros séculos da vida cristã, é o papel dela nesses relatos que inspirou o maior interesse e produziu as primeiras descrições de Maria Madalena: "Portadora-de-Mirra" e "Igual-aos-Apóstolos".

Na Cruz

Tanto em Mateus (27:55) quanto em Marcos (15:40–41), Maria Madalena é mencionada pelo nome, a primeira na lista das mulheres que assistiram à execução de Jesus. Lucas não dá os nomes das mulheres que estavam junto à cruz, mas ele as identifica como aquelas que "o tinham seguido desde a Galiléia". João também menciona a presença dela (19:25), mas o seu relato destaca a presença de Maria, a mãe de Jesus, e as palavras de Jesus pedindo que João tomasse conta dela.

Depois que o corpo de Jesus é tirado da cruz, Maria e as outras mulheres ainda ficam ali. Mateus (27:61) e Marcos (15:47) a mencionam especificamente como olhando em que lugar era deixado o corpo de Jesus, e Lucas se refere novamente às "mulheres ... da Galiléia" (23:55), cuja identidade espera-se que já seja sabida, uma vez que os seus nomes já foram mencionados no capítulo 8.

> "O amor é tão forte quanto a morte. É o que se vê na paixão do Senhor, quando o amor de Maria não morre." (*The life of St. Mary Magdalene and of Her Sister St. Martha*, de Rabano Mauro (traduzido para o inglês e anotado por David Mycoff) [Cistercian Publications, 1989], p. 61)

Finalmente, quando o Sabá passa e o primeiro dia da semana amanhece, as mulheres permanecem ali, e os Doze ainda não estão à vista. Mateus descreve Maria Madalena e "a outra Maria" (não a mãe de Jesus, mas provavelmente a Maria, mãe de Tiago e José, que ele tinha mencionado em 27:56) chegando para "ver" o túmulo. Marcos e Lucas são mais específicos, dizendo que as mulheres tinham vindo para ungir o corpo de Jesus. No capítulo 20, João ignora, o que é interessante, qualquer outra mulher e enfoca apenas Maria Madalena. Ela chega para ver o sepulcro, encontra a pedra removida e o sepulcro vazio e corre para contar a Pedro.

> Pelo menos um crítico do início do Cristianismo investe contra o testemunho de Maria Madalena, declarando-o como pouco digno de crédito. Como é citado pelo escritor cristão Orígenes, o filósofo do século II Celsus a chama de "mulher meio desvairada" (*Contra Celsus*, Livro II:59), assim colocando em dúvida a verdade sobre o testemunho dela sobre o sepulcro vazio.

O fato chocante no relato de João é que, embora Pedro e os outros tenham corrido até o sepulcro depois do que Maria lhes contara e o tenham visto vazio, isso é tudo o que eles enxergam. Eles vão embora e, depois disso, Maria permanece sozinha no sepulcro, chorando. É exatamente nesse momento que Jesus ressurreto aparece.

Evidentemente, Jesus aparece para Maria e as outras mulheres também nos Evangelhos Sinóticos. Em Mateus (capítulo 28), um anjo lhes dá a notícia de que Jesus ressuscitou. As mulheres então partem para contar aos Doze e no caminho encontram-se com Jesus; elas o adoram, e ele as instrui para dizer aos discípulos que o encontrem na Galiléia.

Em Marcos (capítulo 16), elas também encontram um anjo e recebem a mesma mensagem que Mateus descreve, e ficam, diferentemente do que descreve Mateus, "temerosas". (A propósito, medo e falta de entendimento por parte dos discípulos é um tema freqüente no Evangelho de Marcos.)

Marcos representa para nós um pequeno problema, já que os manuscritos mais completos e antigos de Marcos, datados do século IV, acabam em 16:8, com as mulheres cheias de assombro e temor, e sem a descrição de nenhuma aparição do Cristo ressurreto. Manuscritos de um século mais tarde contêm o restante do Evangelho como nós o conhecemos, continuando a história, enfatizando a aparição de Jesus a Maria Madalena, e identificando-a como aquela de quem ele tinha exorcizado sete demônios. Ela o vê, comunica aos outros a sua aparição, e eles não acreditam nela. Jesus então aparece a "dois deles" (talvez uma alusão ao encontro no caminho de Emaús, citado em Lucas 24), que então, mais uma vez, relatam o acontecido aos Doze que, de novo, não acreditam na notícia. Jesus finalmente aparece aos discípulos quando eles estão à mesa, e como é normal no Evangelho de Marcos, a falta de fé deles é ressaltada.

> Alguns estudiosos modernos sugerem que Marcos 16:8 é o final "verdadeiro" desse Evangelho, o que significaria que ele não traz o registro da Ressurreição. Outros, inclusive o bispo anglicano N.T. Wright, um destacado especialista no Novo Testamento, argumenta que, quando se observa Marcos como um todo, fica óbvio que ele está preparando o terreno para relatar a Ressurreição, incluindo as profecias do próprio Jesus. Wright apresenta a teoria de que o final do original talvez tenha se perdido (as extremidades dos pergaminhos eram particularmente suscetíveis a danos), e o que temos agora é uma tentativa posterior de um editor de remendar o final perdido, mas de uma forma que não fosse inconsistente com as intenções de Marcos.

O tema da incredulidade também percorre Lucas. O interessante é que esse Evangelho não relata o encontro entre as mulheres (que finalmente são identificadas outra vez) e Jesus, mas somente a aparição de "dois varões" com "vestidos resplandecentes", que as fez recordar das profecias de Jesus sobre a sua morte e ressurreição. As mulheres, não mais atemorizadas, vão até os apóstolos, que, é claro, rejeitam o relato delas como conversa de desocupadas.

O que fica evidente nos Evangelhos Sinóticos é, em primeiro lugar, o forte senso de verdade histórica sobre os relatos. Céticos racionalistas gostariam de rejeitar a Ressurreição classificando-a como invenção, mas, se fosse assim, então os contadores de histórias teriam feito um trabalho péssimo, não é?

Afinal, se você estivesse criando um mito que seria a origem da sua nova religião, iria escrever alguma coisa em que as principais personagens — os primeiros líderes dessa religião — estivessem tão cheias de medo e dúvida que davam a impressão de fraqueza?

Se você estivesse montando a história da Ressurreição partindo do nada, você seria, como uma pessoa vivendo no século I, no Império Romano, e presumivelmente um judeu, capaz de pensar somente sobre essa questão de ressurreição nos termos e conceitos disponíveis naquela época. E, como N. T. Wright tão habilmente demonstrou em *The Resurrection of the Son of God* (Augsburg Fortress Publishers, 2003), mesmo o mundo judeu do século I, que realmente acreditava na ressurreição do corpo, via isso em termos completamente diferentes — isto é, poderia acontecer para todos, de uma só vez, no final dos tempos (Wright, pp. 200-206).

E em geral, quando alguém se debruça sobre os relatos da Ressurreição nos Evangelhos, fica mergulhado em uma narrativa em que as pessoas estão com medo, confusas, intimidadas e, finalmente, profundamente alegres. Há um véu jogado sobre o núcleo do acontecimento — a própria Ressurreição nunca é descrita porque, evidentemente, nenhuma das testemunhas a viu. Viram o sepulcro vazio e, então, Jesus ressuscitado. Um ficcionista e criador de mitos jamais engendraria a sua trama desse modo e, provavelmente, ele próprio ofereceria um relato direto do fato, talvez até com uma explicação bem clara do significado daquilo tudo. Mas não é isso que lemos e, de certa forma ironicamente, toda a fragilidade e confusão humanas são mostradas pela verdade do relato.

E, o que mais interessa para nós, um criador de mito do século I não teria caracterizado as mulheres como as primeiras testemunhas desses eventos fundamentais. Não é certo afirmar que todos os judeus do século I não aceitavam as mulheres como testemunhas confiáveis. Não existia, é claro, um sistema de leis unificado dentro do Judaísmo, e o que era praticado dependia da interpretação rabínica da Lei que fosse empregada. Alguns rabinos realmente defendiam a posição de que as mulheres não eram testemunhas confiáveis, mas outros discordavam e consideravam o testemunho da mulher igual ao do homem.

Entretanto, o fato de que a confiabilidade da mulher como testemunha fosse controvertida, obscura e não aceita por todos, desencorajaria qualquer ficcionista a usar mulheres como fonte da informação de que o sepulcro estava vazio. Certamente não seria a primeira escolha que viria à mente de alguém que quisesse apresentar o relato como uma história fácil de acreditar, seria?

> "[E] como aquelas que eram apóstolos [mulheres] não duvidaram dos anjos, o próprio Cristo apareceu a elas, de modo que as mulheres são apóstolos de Cristo e compensam por sua obediência o pecado da primeira Eva ... Eva tornou-se apóstolo ... Desse modo, como as mulheres não pareciam mentirosas mas portadoras da verdade, Cristo apareceu para os apóstolos [homens] e lhes disse: É verdade que fui eu quem apareceu a essas mulheres e quem desejou enviá-las a vocês como apóstolos." (Hipólito, século III, citado em *Mary Magdalene: Myth and Metaphor*, de Susan Haskins [Berkley, 1997], pp. 62–63)

"Noli Me Tangere"

O relato de João da aparição de Jesus para Maria depois da Ressurreição, capítulo 20, acrescenta mais detalhes do que os Sinóticos. Ela chega ao sepulcro enquanto ainda está escuro — lembre-se de como começa o Evangelho de João, com o maravilhoso hino descrevendo a Palavra trazendo a luz à escuridão —, vê que ele está vazio e corre então para encontrar os discípulos. Pedro e um outro discípulo chegam ao sepulcro, olham eles mesmos, e vão embora, já que, como João diz, eles ainda não tinham entendido a "Escritura" — talvez as Escrituras Hebraicas como elas seriam entendidas mais tarde pelos cristãos.

Maria permanece, entretanto, chorando (João 20:11). Ela espia dentro do túmulo (o nível de detalhamento desse relato é fascinante) e vê dois "anjos vestidos de branco" que lhe perguntam por que está chorando. Ela diz, tristemente: "Porque levaram o meu Senhor e não sei onde o puseram" (João 20:13). Ela se volta e vê uma outra figura; era Jesus, mas ela não sabe disso até o momento em que ele a chama pelo nome (João 20:16).

Um dos momentos mais conhecidos desse relato aparece em João 20:17, quando Jesus diz a Maria, na famosa versão latina, "*Noli me tangere*", que tem sido traduzida muitas vezes por "Não me toques". Essa, entretanto, não é a tradução mais precisa — tanto em latim quanto em português — do grego, que realmente significa: "Não me segure" ou "Não me detenha".

Assim, não é verdade que Jesus está assumindo algum comportamento misógino nessa passagem. Nem ele está aludindo (como alguns comentaristas modernos sugerem) a algum suposto relacionamento íntimo anterior entre ele e Maria. A frase não se refere ao toque físico; trata-se do entendimento de quem é Jesus e de qual é a missão dele. Afinal, Tomé é convidado a tocar as chagas de Jesus em João 20:27. Não, o que Jesus quer dizer para Maria é que ela se afaste dele a fim de olhar além do presente, para o futuro. Afinal, as palavras exatas que vêm a seguir são para enviá-la aos apóstolos e lhes dizer: "Eu subo para meu Pai e vosso Pai, meu Deus e vosso Deus" (João 20:17). Conhecendo Jesus por aquilo que ele é, não podemos ficar parados. Temos de nos mexer, sair e espalhar a notícia maravilhosa de que as barreiras entre a humanidade e Deus se desfazem em Jesus.

O que, naturalmente, Maria Madalena fez. Todos os evangelistas concordam que ela foi a primeira a anunciar as Boas Novas aos apóstolos, os quais, em sua maior parte, reagiram com ceticismo. Mas isso sempre foi assim. Deus sempre escolhe o menor diante dos olhos do mundo, o inesperado e o desprezado, para fazer o trabalho mais importante. Observar esse acontecimento somente através do prisma político, sentir-se inspirado por ele para pensar somente sobre os papéis do homem e da mulher e coisas do gênero, é ser intencionalmente cego para a realidade maior: Jesus vive, Jesus salva e, conforme somos tocados por sua verdade, somos, ao mesmo tempo, chamados a sair e espalhá-la.

> "Sejam elas os primeiros apóstolos para os apóstolos. De tal modo que, Pedro ... aprenda que posso mesmo escolher mulheres como apóstolos." (Gregório de Antioquia, século VI, citado em Haskins, p. 89)

A Maria da Bíblia

O futuro de Maria Madalena na espiritualidade e iconografia cristãs é rico, evocativo e mesmo confuso, como veremos nos próximos capítulos. Mas tudo começa aqui, com grande simplicidade e temas que ressoarão ao longo dos séculos.

Maria Madalena, curada da possessão, responde a Jesus com uma vida de discipulado fiel. Como os autores de temas espirituais e os teólogos vão mostrar, ela se compara à Noiva do Cântico dos Cânticos. Ela é, como a própria Igreja, tirada por Cristo da servidão aos demônios que permeiam nosso mundo, e ao nos entregarmos a ele em sinal de gratidão, aguardando com esperança ao lado do sepulcro, mesmo quando tudo parece perdido, seremos recompensados em um instante rápido, cheio de graça, quando, no meio da escuridão, ouvirmos a sua voz chamando o nosso nome.

Questões para Reflexão

1. O que simboliza para você o desejo de Maria de se prender a Jesus? Como você experimenta isso em sua própria vida?
2. Por que se referem a Maria como "Apóstola dos Apóstolos"?
3. O que a lealdade de Maria ensina a você sobre o seu próprio relacionamento com Jesus?

Três

A VERDADEIRA MARIA?

Nos últimos vinte anos, o interesse em relação a Maria Madalena explodiu. Livros, websites, seminários e comemorações do dia da sua festa, 22 de julho, se multiplicaram, já que muitas pessoas no Ocidente, principalmente mulheres, voltam-se para ela em busca de inspiração.

Entretanto, ironicamente, muito do interesse nessa grande santa cristã tem sido alimentado por textos que não são os das Escrituras cristãs. Os websites populares devotados a Maria Madalena referem-se a ela como "A Mulher Que Sabia Tudo" (www.magdalene.org). Uma das mais populares obras sobre Maria Madalena, *The Woman with the Alabaster Jar: Mary Magdalene and the Holy Grail*, de Margaret Starbird, enfatiza Maria como "Noiva e Amada" de Jesus.

E, é claro, há *O Código Da Vinci*, o romance supercampeão de vendas que levou essas representações de Maria para um público maciço. O romance de Brown reúne tudo num pacote cômodo: Maria Madalena era a mulher de Jesus, teve uma filha dele e era a pessoa a quem ele desejava destinar a liderança do seu movimento. Esse movimento, aliás, não tinha nada a ver com o que o Novo Testamento sugere que ele é; antes seria um movimento sábio dedicado a ajudar a humanidade a reunir os princípios de realidade masculino e feminino.

Assim, nesse contexto, Maria Madalena era o "verdadeiro" Santo Graal, já que ela era o recipiente que carregava a filha de Jesus e os ensinamentos dele. Mas ela é mais do que isso: ela é uma "deusa" — uma figura mítica através de quem o divino pode ser encontrado.

É tudo muito confuso. Além de irônico, dada a insistência com que a crítica moderna lança a suspeição sobre as afirmações do Cristianismo tradicional, com o argumento de que elas não podem ser "provadas", ou porque os textos nos quais essas alegações se baseiam são muito antigos para merecerem confiança. A devoção moderna que tantos parecem ter por essa figura de Maria é baseada, em parte, em fontes muito menos dignas de confiança e não tem relação alguma com a Maria que conhecemos nas Escrituras.

Então, onde isso começa? É claro que boa parte desse revisionismo está alicerçada inteiramente no presente, em uma mixórdia de teorias de conspiração, falsa história e a criação de uma ilusão em que se deseja acreditar, da qual trataremos no último capítulo. Mas a verdade é que Maria Madalena não seria objeto de interesse para muitos dos seus fãs contemporâneos alheios ao Cristianismo, se não fossem atraídos pelos textos antigos: os escritos produzidos pelas heresias gnósticas cristãs.

Conhecimento Secreto

Este é um resumo. Por volta do século II até o V, um movimento que chamamos agora de "Gnosticismo" foi popular em muitas regiões da bacia do Mediterrâneo. "Gnosticismo" é uma palavra derivada do termo grego *gnosis*, que significa "conhecimento". Embora tenham existido muitos mestres e movimentos gnósticos ao longo dos séculos, a maioria deles compartilhava algumas características, sucintamente descritas pelo Padre Richard Hogan em seu livro *Dissent from the Creed: Heresies Past and Present* (Our Sunday Visitor, 2001):

> "Os gnósticos alegavam ter um conhecimento especial, a gnosis. Incluído nessa gnosis especial estava o entendimento de que havia o Deus Que criou o mundo espiritual e um antideus menor, que era responsável pelo mundo (mal) material. O Gnosticismo representa uma crença no dualismo. Há o bem e o mal. O mal é material e físico. O bem é espiritual e divino.
>
> "De acordo com os gnósticos, um acidente no começo do mundo aprisionou uma 'centelha divina' nos seres humanos, isto é, no mundo do mal da Criação material. Esse elemento divino perdeu a lembrança do paraíso, seu verdadeiro lar. A salvação consistia em saber que essa 'centelha' existia e em libertá-la do seu corpo humano." (Hogan, p. 43)

Os mitos da criação do Gnosticismo que descrevem esse aprisionamento são muito complexos e intrincados. Da mesma forma como eram intrincadas as visões gnósticas do que era a salvação. A ênfase, naturalmente, repousava no conhecimento, no lugar da fé, da vida ou do amor. O caminho da salvação envolvia saber a verdade sobre as origens humanas e então conhecer o caminho para progredir, tanto nesta vida quanto na outra, pelas várias camadas de realidade que estavam aprisionando a centelha sagrada.

O Gnosticismo primitivo, que vem antes do Cristianismo, foi extraído de muitas fontes, inclusive da filosofia de Platão e da mitologia egípcia. O Gnosticismo cristão usou os Evangelhos e outras tradições cristãs, eliminando elementos que não eram coerentes com o pensamento gnóstico. Assim, por exemplo, os mestres gnósticos cristãos ensinavam que Jesus não era realmente humano — já que o mundo material pertence ao mal. Valentino, que viveu por volta do ano 150 em Roma, ensinava uma história extraordinariamente complexa sobre Jesus como sendo o produto dos anseios de Sofia — a personificação da sabedoria. O historiador David Christie-Murray descreve isso da seguinte forma:

> "Cristo, que traz a revelação da gnosis (autoconhecimento), vestiu a si mesmo com Jesus durante o batismo e salva toda a humanidade espiritual por meio da sua ressurreição, mas tem apenas um corpo espiritual. Os homens podem agora tornar-se conscientes de seus eus espirituais por intermédio dele e voltar a suas origens paradisíacas. Quando todo o ser espiritual tiver recebido a gnosis e tomar consciência da divindade dentro dele mesmo, o processo do mundo terá terminado. Cristo e Sofia, depois de esperarem à entrada do Pleroma [o centro da vida espiritual, divina] pelo Homem espiritual, entrarão na câmara nupcial para realizar a sua união, seguidos pelos gnósticos e seus eus mais elevados, os anjos da guarda." (*A History of Heresy* [Oxford University Press, 1989], p. 29)

Este é apenas um exemplo, mas o Cristianismo gnóstico é simplesmente uma variação sobre este tema: a Criação é o mal. Jesus não era inteiramente humano. Ele não sofreu nem morreu. A redenção não pode, é claro, ser alcançada por esse meio, porque envolve o corpo material, que é, de qualquer maneira, pecador. A salvação não está disponível para todos, somente para aqueles que possuem o conhecimento especial. Esse modo de pensar infiltrou-se em muitos outros sistemas daquela época, inclusive no Cristianismo.

Aqueles que tentaram fundir o pensamento gnóstico com o Cristianismo redigiram textos, muitos dos quais sobreviveram — em sua maioria como citações dentro de obras dos escritores cristãos argumentando contra eles. No final do século XIX, alguns textos gnósticos cristãos, nunca vistos antes, foram descobertos, e mais outros em meados do século XX. A descoberta desses textos provocou alvoroço em alguns que acreditaram que, mais do que dar uma visão de uma heresia cristã, esses textos abriam um mundo para aquilo que eles achavam que fosse a verdadeira história do Cristianismo, escondida pelos líderes cristãos ortodoxos.

Conseqüentemente, mais ou menos ao longo do século passado, esses textos gnósticos foram redescobertos e reinterpretados. Alguns tomaram a existência deles como a prova de que havia uma razão totalmente diferente e longamente escondida para o ministério de Jesus, com raízes tão antigas quanto as dos Evangelhos, e tão legítimas quanto essas. O revisionismo moderno apresentando Maria Madalena como noiva de Jesus, como o seu recipiente especial de sabedoria e fundadora de um modo alternativo de Cristianismo, deve muito da sua fascinação a esses textos gnósticos.

Infelizmente — ou felizmente, dependendo do ponto de vista —, o que realmente sabemos da história do Cristianismo primitivo simplesmente não pode sustentar essas alegações exaltadas em favor de Maria Madalena ou mesmo servir como elo significativo entre o ministério de Jesus, o Cristianismo gnóstico e os textos gnósticos.

Este é o modo mais simples para colocar a questão: os textos cristãos gnósticos nos dizem muita coisa sobre as heresias cristãs gnósticas dos séculos II ao V. Eles não nos dizem nada sobre as figuras históricas de Jesus, Maria Madalena, Pedro ou sobre as origens do Cristianismo no século I.

Disso se segue que esses textos gnósticos não nos dizem nada de significativo sobre a Maria Madalena real e que todos os que fazem uso deles para esse fim estão empenhados, na melhor das hipóteses, em esforços equivocados e, na pior, na utilização enganosa de materiais históricos.

Mas, apesar de tudo, esse processo continua, e por uma razão: a técnica de sugerir que os textos cristãos gnósticos revelam verdades secretas sobre o Cristianismo primitivo e sobre quem Jesus "realmente" era e o que ele "realmente" pensava serve para atacar não só o Novo Testamento, mas também a Igreja que o produziu e que foi formada por ele.

Como participei de programas de rádio com entrevistas debatendo este assunto, ouvi isso repetidas vezes: "Todas essas obras foram escritas muito tempo depois dos acontecimentos que elas descrevem — elas são ao mesmo tempo confiáveis e não confiáveis. Qualquer versão de Jesus que for escolhida não fará diferença, porque não há como saber qual é a verdadeira".

Isso não é verdade. O Cristianismo primitivo era um movimento enorme e complexo, a respeito do qual não podemos afirmar que sabemos tudo. Mas sabemos verdadeiramente — e qualquer estudioso sério vai afirmar — que Jesus não ensinou banalidades gnósticas e não se casou com Maria Madalena, e que ela não se engajou então numa vida de pregação de lugares-comuns a respeito dela mesma, emanando energia divina.

Isso não aconteceu.

Mas, como os textos gnósticos têm tanta importância em inúmeras abordagens contemporâneas de Maria Madalena, precisamos, definitivamente, examiná-los e entender sobre o que eles tratam realmente.

Não Saber Nada

De certo modo, é desafiador descrever o Gnosticismo porque ele não era um movimento organizado, uma religião ou mesmo uma corrente filosófica homogênea. Talvez a melhor forma de descrevê-lo seria compará-lo ao movimento de auto-ajuda dos nossos dias. Por alguma razão, na segunda metade do século XX, essa noção da importância da auto-estima tomou conta da nossa cultura e se infiltrou em quase todos os aspectos da vida, inclusive no religioso. Dois séculos atrás, os pensadores e pregadores cristãos de todas as denominações teriam ficado estarrecidos diante da sugestão de que o objetivo da fé cristã é ajudar o crente a se sentir melhor sobre si mesmo e ajudá-lo a vencer sua insegurança e dúvidas pessoais. Ao contrário, apesar de suas diferenças, católicos e protestantes teriam descrito o objetivo da vida cristã como crer corretamente e moldar a própria vida de tal modo que se conformasse aos padrões de Deus e poupasse a pessoa de uma eternidade no inferno.

O Gnosticismo era, é claro, mais complexo e cósmico do que isso. Mas é um bom exemplo para se começar, porque, como o movimento de auto-ajuda, o Gnosticismo não ficava confinado a grupos que se identificavam explicitamente como "gnósticos" e se mantinham afastados de outras religiões. Ele se infiltrava e provocou impacto em quase tudo em que esbarrou, inclusive no Judaísmo e no Cristianismo.

Você pode perceber os problemas. O Gnosticismo não era um movimento pequeno. Na maioria das grandes cidades do Império Romano durante esses séculos, o Gnosticismo e mesmo o Cristianismo gnóstico floresceram. A maior parte do nosso conhecimento do Cristianismo gnóstico vem dos seus opositores, grandes teólogos como Santo Irineu, Tertuliano e São Clemente de Alexandria, que escreveram contra Valentino, por exemplo, e que, ao fazerem isso, citaram copiosamente os textos dele.

Mas cópias independentes de alguns textos cristãos gnósticos realmente existem, e são esses textos que formam a base da devoção moderna e não-cristã a Maria Madalena.

Palavras Antigas

No século XIX, muitas descobertas ampliaram a compreensão dos estudos e até mesmo o entendimento popular do Gnosticismo. Uma antiga obra do cristão Hipólito, *Refutation of All Heresies*, perdida durante séculos, foi descoberta em 1842 num mosteiro grego. Essa obra, evidentemente, citava muitos heréticos, inclusive os gnósticos. O fato mais importante para muitos foi a redescoberta (no Museu Britânico) e a tradução de *Pistis Sophia* (para o inglês, em 1896), uma obra provavelmente do século III, em que Maria Madalena — e também, a propósito, Maria, a mãe de Jesus — figura com destaque no diálogo com Cristo. Existem outros fragmentos de textos gnósticos, mas a revolução real nessa área ocorreu em 1945 com a descoberta no Egito da biblioteca de Nag Hammadi, uma coletânea de textos cópticos, envoltos em couro e datando do fim do século IV e começo do V, que incluía muitas obras gnósticas (como também uma cópia parcial da *República* de Platão). Escondida em vasos guardados em cavernas, acredita-se que essa biblioteca pertencesse a um mosteiro cristão gnóstico.

A coletânea de Nag Hammadi contém cinqüenta textos em treze manuscritos (uma forma de livro), três dos quais — o *Evangelho de Filipe*, o *Evangelho de Tomé* e o *Diálogo do Salvador* — interessam aos que se preocupam com Maria Madalena. Outros textos gnósticos que se acredita que mencionem Maria Madalena, encontrados fora da biblioteca de Nag Hammadi, são o *Evangelho de Maria* e *Pistis Sophia*. Esses textos surgiram em diferentes períodos e refletem diferentes correntes do Gnosticismo. Todos eles são discussões entre Jesus e diversas outras figuras, a maioria sobre a natureza da alma, a vida depois da morte e o fim dos tempos. Vamos dar uma rápida olhada no modo como cada um deles trata da figura chamada "Maria".

Pistis Sophia (século III)

Essa obra consiste de diálogos extensos entre Jesus, que tinha estado na terra pregando durante onze anos, contados a partir da Crucificação, e outros, incluindo mulheres. Maria, sua mãe, desempenha um papel importante, e muitas vezes uma "Maria", não identificada explicitamente seja como a mãe dele ou outra mulher qualquer, inclusive Maria de Magdala, é mencionada e elogiada por seu entendimento, sendo até mesmo objeto de ciúmes por parte dos outros discípulos.

O Evangelho de Filipe (século III)

Essa obra é formada por diálogos e provérbios de Jesus em conversa com seus discípulos. Menciona a Madalena, "que era chamada de sua companheira", juntamente com "Maria sua mãe e a sua irmã", como as três que "sempre caminhavam com o Senhor". A passagem, muito instigante para alguns, termina com a frase: "A sua irmã, a sua mãe e a sua companheira chamavam-se todas Maria".

Essa obra também contém a passagem que descreve o fato de Jesus beijar Maria Madalena como corriqueiro, sendo esse comportamento desaprovado pelo restante dos discípulos e o motivador da pergunta: "Por que você a ama mais do que a nós?" A resposta de Jesus é obscura, mas traz implícito que ela é mais iluminada do que eles. Aqueles que vêem esse beijo dado por Jesus como uma expressão de um relacionamento especial estão perdendo de longe a objetividade. No Gnosticismo, o beijo é simbólico. Como aponta um especialista: "O Verbo de Deus habita naqueles a quem ele beijou, daí os ciúmes dos discípulos, porque eles ainda não fazem jus ao beijo" (Jorunn Jacobsen Buckley, citado em *The Making of the Magdalen: Preaching and Popular Devotion in the Later Middle Ages*, de Katherine Ludwig Jansen [Princeton University Press, 2000], p. 27).

O Evangelho de Tomé (século III)

Este, o mais conhecido dos textos gnósticos, é uma coletânea de declarações, muitas das quais são encontradas também nos Evangelhos canônicos, mas com uma dose pesada de temas andróginos que os leitores contemporâneos acham tão atraentes. Uma "Maria" é mencionada uma vez (a outra personagem feminina é uma "Salomé"), quando Pedro pede a Jesus para fazê-la ir embora. Jesus, numa passagem que não é citada com freqüência pelos fãs modernos desse evangelho, diz: "Eu mesmo vou conduzi-la a fim de que se torne um homem, para que ela também possa se tornar um espírito vivo semelhante a vocês homens. Porque toda a mulher que se fizer homem entrará no reino dos céus".

O Evangelho de Maria (século III)

Este é um outro diálogo, desta vez começando com Jesus mas acabando com uma "Maria", que é identificada como uma pessoa a quem Jesus amava "mais do que as outras mulheres" e como a mestra principal, em uma competição sutil, parece, com Pedro.

"Alguns" Problemas

Esses, portanto, são os textos básicos que os devotos modernos de Maria Madalena usam para apoiar a sua tese de que ela era uma importante líder do Cristianismo primitivo e de que provavelmente tivesse um relacionamento íntimo com Jesus — mas mesmo que não tivesse, que a sua sabedoria era admirada por ele como estando acima da dos outros discípulos homens, e que existia um atrito entre Maria Madalena e os outros discípulos homens. Esse atrito, aos olhos de muitos, reflete uma divisão real e histórica no Cristianismo primitivo entre aqueles que seguiam Maria como mestre e os que seguiam Pedro.

Há inúmeros problemas relacionados com o uso desses documentos para apoiar essa visão de Maria Madalena. Vamos examinar alguns deles.

Para começar, essa posição supõe que os textos gnósticos refletem acontecimentos do século I. A verdade pura e simples é que eles não fazem isso. Nenhum especialista data qualquer desses textos em um período anterior aos séculos II e III. A visão que eles apresentam de Jesus, seus ensinamentos e o seu ministério são radicalmente diferentes daquilo que lemos nos Evangelhos, que foram todos redigidos antes do final do século I. Estudiosos de todos os tipos consideram que os Evangelhos e o restante do Novo Testamento como o ponto de partida para o estudo do Cristianismo primitivo. Podem discordar quanto ao significado dos textos, mas nenhum deles sugere, por exemplo, que o *Evangelho de Maria* tem o mesmo valor dos Evangelhos canônicos em se tratando de descrever o que era o movimento primitivo de Jesus.

Não, os textos gnósticos nos "dizem" exatamente o que deveriam: isto é, o modo como os heréticos cristãos gnósticos se apossaram dos fundamentos da história cristã e os amoldaram para que se adaptassem ao pensamento gnóstico. Já que alguns elementos ligados ao Gnosticismo estavam interessados em questões de sexo e androginia, essa preocupação se reflete em alguns textos e nos papéis desempenhados pelas figuras femininas. Eles podem refletir um papel maior das mulheres em algumas seitas gnósticas, ou mesmo espelhar um desejo de diminuir a importância do papel de Pedro, reconhecido como o líder escolhido do Cristianismo ortodoxo.

Mas, se você for ler pessoalmente essas obras, vai ver que elas são radicalmente diferentes dos Evangelhos canônicos em tom e conteúdo. (Os textos gnósticos não são longos e estão disponíveis na Internet. O *Evangelho de Maria*, pelo menos o fragmento que temos dele atualmente, é reproduzido em sua totalidade no Apêndice B deste livro.) Os Evangelhos canônicos, com suas figuras muito humanas e sujeitas a errar, demonstram uma tentativa de apresentar os acontecimentos com precisão, pelo prisma da fé, certamente, mas sem dúvida acuradamente. Os textos gnósticos estão repletos de sermões, são tendenciosos, obtusos e... bem... gnósticos em suas preocupações.

Portanto, os pensadores contemporâneos que sugerem que uma corrente do "Cristianismo Madaleno" nasceu da liderança exercida por Maria, que depois foi suprimida por aqueles que se mantinham leais a Pedro, baseiam suas conclusões no mais tênue dos fios: que aqueles textos gnósticos, escritos pelos gnósticos por volta de dois séculos depois dos fatos, escondem um relacionamento entre Maria e Jesus.

Vamos dar esse passo em primeiro lugar. Quem disse que a "Maria" mencionada em todos esses textos é, todas as vezes, Maria Madalena?

Afinal, há somente dois incidentes — no *Evangelho de Filipe* e em *Pistis Sophia* — em que Madalena é especificamente mencionada. O excessivamente enaltecido *Evangelho de Maria* fala somente de uma "Maria", não especifica a Madalena e não dá pistas para ligá-la à figura histórica de Maria Madalena, apesar de as edições modernas acrescentarem "Madalena" ao seu título. Mesmo o *Evangelho de Filipe*, que tem sido mantido por muitos como evidência de um relacionamento de "companhia" entre Maria Madalena e Jesus, não parece tão claro como é sugerido com relação à qual das Marias estava se referindo. Uma leitura mais próxima do texto indica — como um número crescente de estudiosos modernos sugere — que a figura feminina é uma composição mítica de "Maria" representando o aspecto feminino da realidade.

Uma das características de algumas celebrações contemporâneas de Maria Madalena é que os textos gnósticos mostram um conflito entre ela e Pedro e os outros discípulos, implicando desse modo a existência de uma corrente separada do "Cristianismo Madaleno". Livros inteiros foram escritos a esse respeito. Essa visão, é claro, depende da leitura desses textos gnósticos concluir se a Maria que estava em conflito com os discípulos era, de fato, Maria Madalena. E isso de forma nenhuma é uma certeza.

Em *Pistis Sophia*, Maria, a mãe de Jesus, é descrita como estando em conflito com os discípulos. Em algumas outras ocasiões uma outra Maria é descrita da mesma forma, e muitos supõem que essa Maria seja Maria Madalena, embora ela não seja explicitamente identificada desse modo. Alguns estudiosos, entretanto — observando o modo como Maria é descrita, como "bendita entre as mulheres" e "chamada de abençoada por todas as gerações" —, acreditam na hipótese que identificaria essa Maria como a mãe de Jesus. Finalmente, não é nem um pouco certo que ela seja Maria Madalena, que, por sua vez, desempenha um papel destacado nos diálogos do Segundo Livro da obra.

O especialista Stephen J. Shoemaker resume essa perspectiva:

> Para resumir, a identidade da Maria gnóstica não é de modo algum uma questão simples, nem a sua identificação como Maria Madalena é certa como muitas vezes se afirma na cultura moderna. A grafia particular do nome Maria não é de jeito nenhum um critério confiável para distinguir as duas mulheres, mesmo que esse seja o argumento mais freqüentemente apresentado em favor da identificação da Maria gnóstica como Maria Madalena. De qualquer modo, as grafias Mariam e Mariamme parecem favorecer uma identificação com a Maria de Nazaré, como demonstrei em outro trecho. Da mesma forma, os textos do Novo Testamento deixam de resolver esse problema, já que mostram as duas Marias como figuras igualmente importantes na memória do Cristianismo primitivo. Mesmo o papel de Madalena como *apostola apostolorum* no quarto evangelho não inclina a balança a seu favor, já que nos primeiros tempos da Síria cristã, onde parece mais provável que as tradições gnósticas de Maria tenham aparecido pela primeira vez, acreditava-se que Cristo tinha se apresentado em primeiro lugar para a sua mãe, Maria de Nazaré, dando a ela a missão de levar a revelação aos seus seguidores.
>
> Além disso, apesar das freqüentes afirmações em contrário, há evidências significativas de que os cristãos primitivos

ocasionalmente imaginaram Maria de Nazaré em situações semelhantes àquelas em que a Maria gnóstica é encontrada: ela conversa com seu filho ressurreto, interpreta mistérios cósmicos e revela os ensinamentos secretos de seu filho aos apóstolos, com quem ela se vê ocasionalmente em confronto. Isso fica especialmente evidente em *Pistis Sophia*, um texto cuja interpretação tem sido controlada firmemente pelos dogmas interpretativos do século passado. Tanto esse texto quanto o Evangelho segundo Filipe deixam claro que as tradições da Maria gnóstica não se referem a apenas uma Maria. Embora muitos continuem, sem dúvida, se refugiando na descrição da Maria apresentada no Evangelho segundo Filipe como favorita do Senhor, não devemos nos esquecer de que o Novo Testamento identifica Maria de Nazaré como a "favorita", que "encontrou favor diante de Deus". ("Rethinking the 'Gnostic Mary': Mary of Nazareth and Mary of Magdala in Early Christian Tradition", *Journal of Early Christian Studies*, 9:4, pp. 588–589)

Por que levou tanto tempo para se chegar a isso? Porque é terrivelmente importante divisar Maria Madalena de maneira correta. Muitos ativistas contemporâneos adotaram Maria Madalena como representante de uma visão alternativa do Cristianismo, baseados parcialmente na vontade de que isso fosse verdade e em parte no papel desempenhado por ela nos Evangelhos canônicos, mas fato confirmado, em suas mentes, pelas evidências trazidas nesses textos gnósticos. Neles, eles vêem traços de um antigo conflito, um antigo movimento dentro dos seguidores de Jesus que mantiveram Maria Madalena como uma mestra sábia, como aquela a quem Jesus designou para sucedê-lo.

Essa visão parece plausível para aqueles que não estão familiarizados com os textos originais, ou mesmo para aqueles que somente os lêem traduzidos, interpretando-os de acordo com as suposições dos que promovem o "Cristianismo Madaleno". Mas os textos antigos normalmente não são tão simples de interpretar como julgamos ou como gostaríamos de pensar.

Uma leitura cuidadosa e objetiva mostra em primeiro lugar, muito simplesmente, que a figura de Maria de Nazaré desempenha um papel inquestionavelmente importante em alguns textos gnósticos. Por que então ela não foi escolhida e cultuada pelos intérpretes modernos como aquela especialmente escolhida por Jesus? Em segundo lugar, embora Maria Madalena realmente apareça nesses textos, a maioria das evidências para o "Cristianismo Madaleno" é produto da presença de uma "Maria" que não fica, de fato, muito claramente identificada como Maria Madalena, e que provavelmente é uma composição feminina mítica ou é Maria de Nazaré. O mais importante de tudo isso, entretanto, é que todas as figuras nesses textos gnósticos realmente funcionam muito mais no nível simbólico do que na realidade histórica. O especialista nas Escrituras John P. Meir resume bem a questão:

> "Não penso que ... os manuscritos de Nag Hammadi (em particular o Evangelho de Tomé) nos ofereçam novas informações confiáveis ou ditos autênticos independentes do NT [Novo Testamento]. O que vemos nesses documentos mais tardios é antes uma reação aos textos do NT ou uma nova versão dos ... cristãos gnósticos ao desenvolverem um sistema místico especulativo." (*A Marginal Jew: Rethinking the Historical Jesus*, Vol. I [Doubleday, 1991], p. 140)

Como veremos ao longo deste livro, Maria Madalena é uma grande santa e uma mulher merecedora do nosso interesse e respeito, mas não há uma única evidência de que ela tenha sido aquilo que os modernos intérpretes gostariam que fosse. Os textos gnósticos que eles usam para construir a hipótese não nos dizem nada sobre o Cristianismo primitivo no século I, e as "alusões" que alguns lêem neles, sugerindo uma antiga tradição sendo preservada em relação ao papel de liderança de Maria Madalena competindo com Pedro, não são com certeza absoluta referentes a Maria Madalena, e em alguns casos podem mesmo se referir a Maria, mãe de Jesus.

Mais adiante, se você ler os documentos, verá o quanto eles são ambíguos, como eles se prestam facilmente a uma leitura seletiva, e até mesmo como, em parte, os textos gnósticos contradizem o que os seus modernos defensores pretendem que eles estejam dizendo.

Em resumo, quando se tratar de Maria Madalena, Jesus e os gnósticos, não acredite nos intérpretes. Vá direto à fonte.

Questões para Reflexão

1. O que era o Gnosticismo? Você vê vestígios do pensamento gnóstico no mundo de hoje?
2. Como alguns tentam usar os textos gnósticos com relação a Maria Madalena? Quais são as falhas da abordagem deles?
3. O que os textos gnósticos nos dizem sobre a história de Maria Madalena?

Quatro

APÓSTOLA DOS APÓSTOLOS

Embora os escritores gnósticos estivessem — ou talvez não estivessem — escrevendo sobre Maria Madalena, favorecendo o estudo do Jesus gnóstico, os escritores cristãos ortodoxos tinham algumas coisas a dizer também durante aqueles primeiros séculos do Cristianismo.

Ela não dominava a cena, mas alguns pensadores descobriram nela uma figura intrigante, útil para a compreensão da natureza da fé e da redenção. Ela é representada também na arte do período, muitas vezes em seu papel de "Portadora-de-Mirra" — uma das mulheres que levavam óleos e especiarias para o sepulcro de Jesus.

Este é o tema com que nos deparamos a maior parte das vezes: Maria Madalena como uma discípula fiel e testemunha do sepulcro vazio e, então, cavando um pouco mais fundo, Maria como a Nova Eva, e Maria como a Igreja, simbolizada com poder e paixão no Cântico dos Cânticos do Velho Testamento.

Aqueles que pensam que os gnósticos apreciavam Maria Madalena mais do que os cristãos ortodoxos que talvez estivessem ocupados demonizando-a podem estar prestes a se surpreender. Muitos dos Pais da Igreja primitiva não tinham nenhum problema em identificar Maria Madalena em termos bem calorosos:

"Apóstola dos Apóstolos" e "Igual-aos-Apóstolos", títulos que agora podem estar negligenciados no Ocidente, mas que permanecem como a sua identificação fundamental no Cristianismo oriental até os dias de hoje.

"Venha, Minha Amada"

É conveniente, antes de tratarmos da própria Maria, estabelecermos o cenário do período. Quando falamos de "Igreja primitiva" e dos "Pais da Igreja primitiva" e de seus textos, o que significa isso exatamente?

Para os objetivos deste capítulo, "Igreja primitiva" significa o Cristianismo até o final do século VI, no ponto em que começamos a entrar gradativamente na Idade Média, ou Idade das Trevas, como é injustamente chamada.

Durante essa época, o Cristianismo se espalhou pelo Oriente Médio, para a África, avançou pela Europa e chegou até mesmo à Índia. O período começou, evidentemente, com a maior extensão dessa área (com exceção da Índia) fazendo parte do Império Romano, quando o Cristianismo era ilegal. Quando transcorria o século VI, o velho Império Romano tinha caído, novos reinos e impérios tinham se formado e o Cristianismo não só era legal em todos eles, como era a religião estabelecida em sua maioria, uma situação que iria persistir até o crescimento do Islã no século VIII.

Por volta do fim do século I, uma estrutura básica de igreja com presbíteros (padres) e bispos começou a evoluir (podemos ver isso até no Novo Testamento: por exemplo, na primeira epístola de Paulo a Timóteo). O panorama religioso não era o mesmo de hoje: não havia seminários, nem universidades e, naturalmente, nem editoras ou publicações religiosas. Mas havia teólogos, escritores religiosos e bispos que escreviam e pregavam. Muitas de suas obras sobreviveram e estão disponíveis — até mesmo na Internet — atualmente.

> Na maioria das vezes, os textos que podemos ler e que nos dão uma idéia do que aqueles cristãos estavam pensando e como era a sua crença e a sua fé são:
>
> - Defesas do Cristianismo contra céticos e heréticos.
> - Comentários sobre as Escrituras.
> - Homilias.
> - Cartas.
> - Instruções para a catequese.
>
> Não provenientes de indivíduos, mas sim de comunidades de igreja, esses textos eram liturgias e, a partir do século IV, decretos das assembléias de bispos.

Como você pode perceber, embora haja muita coisa que não sabemos sobre aquele período, um bom volume de evidências sobreviveu e nos dá um excelente retrato da vida cristã em seus cinco primeiros séculos de vida. Ela não é tão misteriosa nem ambígua como alguns declaram. Os pensadores cristãos estavam procurando aprofundar o seu entendimento do Evangelho, no contexto de uma cultura que era extremamente hostil a eles, diferente tanto intelectual quanto religiosamente.

Há uma boa razão para que as pessoas ainda leiam os textos desses Pais da Igreja primitiva. A situação deles não era muito diferente da nossa. Eles estavam lidando honesta e tenazmente com os aspectos mais fundamentais da fé cristã e estavam tentando fazê-la compreensível para um mundo que, embora cético, estava obviamente necessitando de Cristo. Dois mil anos é um longo período — mas não longo o suficiente para a natureza humana e a necessidade da humanidade por Cristo para poder mudar.

Os primeiros escritores cristãos enxergavam a verdade literal das Escrituras — na qual acreditavam firmemente — como um ponto de partida. Partindo do nível factual, eles seguiam explorando as nuances, fazendo ligações e descobrindo analogias úteis e alegorias. A escrita patrística é extremamente rica nesse sentido.

Para eles, então, Maria Madalena era mais do que uma mulher no sepulcro, da mesma forma que Jesus tinha sido mais do que um homem na cruz. Em Jesus, toda a história é redimida e toda a criação se reconcilia com Deus. Na riqueza desse passo, estão homens e mulheres comuns como você e eu, pessoas como Pedro, Levi, João e Maria. Como eles vivem e se movem à sombra de Jesus, ouvindo e respondendo a ele, eles também se tornam algo mais. As suas ações inspiram a resposta de outras figuras à mão estendida de Deus. As suas dúvidas, fé, pecados e redenção passam a ser mais do que deles, conforme os olhamos e vemos os ecos das suas vidas e, de fato, de toda a história da humanidade.

Assim, por exemplo, quando alguns desses escritores meditam sobre Maria Madalena, eles a vêem reagir às Boas Novas da redenção e da vida eterna — num jardim. Lembra uma outra cena, no começo da história da salvação, também num jardim, no qual uma mulher e um homem desobedecem a Deus e a humanidade cai. E assim, para alguns, Maria Madalena tornou-se uma espécie de Nova Eva, muito antes desse título ser atribuído à Virgem Maria. Por exemplo, Santo Cyril da Alexandria, que viveu no século V, disse que, por causa do testemunho de Maria Madalena no sepulcro vazio, todas as mulheres foram perdoadas pelo pecado de Eva (Haskins, p. 89). Santo Agostinho, São Gregório, o Grande, Santo Ambrósio e São Gregório de Nissa também fazem essa ligação.

> "Ela é a primeira testemunha da ressurreição, que ela deve ter tomado o caminho da correção mais uma vez por sua fé na ressurreição, do qual tinha se desviado por sua transgressão." (São Gregório de Nissa, *Against Eunomius 3.10.16*, citado em *The Resurrection of Mary*

> *Magdalene: Legends*, Apocrypha, and the Christian Testament, de Jane Schaberg [Continuum International Publishing Group, 2002], p. 87).

A imagem de uma mulher pranteando e esperando em um jardim lembrava uma outra imagem para os cristãos: aquela do grande poema de amor do Velho Testamento, o Cântico dos Cânticos (também conhecido como Cantares de Salomão). O escritor cristão do século III Hipólito deu bastante importância a isso em seu comentário sobre o Velho Testamento. Ele se refere não só a Maria Madalena mas também às outras mulheres mencionadas no sepulcro nos diversos Evangelhos, às vezes de modo confuso. A imagem feminina, baseada em figuras específicas, torna-se em geral mais simbólica, mas, com Maria Madalena como uma delas, ecoa o profundo desejo da noiva no livro do Velho Testamento, o desejo dela por seu amado, enquanto procuram por Jesus no sepulcro:

> "'De noite busquei aquele a quem ama a minha alma': Veja como isso se completa em Marta e Maria. Na figura delas, a Sinagoga zelosa procura o Cristo morto ... Porque ela nos ensina e nos diz:
>
> De noite busquei aquele a quem ama a minha alma."
> (Hipólito, século III, citado em Haskins, p. 61)

Finalmente, escritores do período citaram Maria Madalena por seu testemunho no sepulcro e levando as Boas Novas para os apóstolos. Hipólito, que também era bispo, refere-se a ela como "Apóstola dos Apóstolos". Outros Pais da Igreja também elogiam Maria por seu papel como testemunha, alguns sustentando que, por intermédio do seu exemplo, todas as mulheres são respeitadas e, de certo modo, redimidas.

Um poeta oriental do século IV chamado Ephrem usava essa imagem, embora de forma confusa para nós, fundindo Maria Madalena e Maria, mãe de Jesus, no poema que se segue (como vimos no capítulo anterior, essa era uma característica do Cristianismo sírio nesse período):

> "No começo de sua vinda à terra
> Uma virgem foi a primeira a recebê-lo,
> E quando se levantou do sepulcro
> Para uma mulher ele mostrou a sua ressurreição.
> Em seu início e em sua realização
> O nome de sua mãe fala alto e está presente.
> Maria recebeu-o pela concepção
> E viu um anjo em seu túmulo."
> (Citado em Haskins, p. 90)

Nesse período inicial da reflexão cristã, escritores teológicos e espirituais trabalhavam num campo relativamente simples. As Escrituras — tanto o Velho quanto o Novo Testamento — eram a sua fonte básica. O significado de quem era Maria Madalena e da sua importância para os cristãos originava-se totalmente disso. Ela era historicamente significativa porque tinha sido a primeira a ver o sepulcro vazio e o Cristo Ressurreto. O seu papel evocava outras mulheres em outros jardins, e um novo tema de reflexão estava criado, celebrando Maria Madalena como uma Nova Eva ou representando a Igreja como a noiva anelante buscando por seu noivo, Cristo — mas tudo isso em razão daquilo que a tradição cristã tinha atestado sobre o papel dela na seqüência de acontecimentos da Ressurreição.

A história de Maria Madalena obviamente não acaba aqui, porque até este ponto — o século V e o começo do VI —, algumas imagens, muito familiares para nós hoje em dia, ainda não haviam aparecido. E a Madalena arrependida? A prostituta? A evangelizadora dos franceses? Logo veremos de onde surgiram todas elas, à medida que entrarmos na Idade Média, um período de intensa criatividade e formador de lendas, no qual as evidências das Escrituras eram reverenciadas, mas vistas popularmente como apenas o começo de histórias muito mais interessantes.

Questões para Reflexão

1. Por que os primeiros pensadores cristãos se referem a Maria Madalena como a "Nova Eva"?
2. Por que eles ligam Maria Madalena ao Cântico dos Cânticos?
3. O que você acha dessa abordagem para interpretar as Escrituras? Você acha que isso ajuda ou não?

Cinco

QUAL DAS MARIAS?

"Portadora-de-Mirra", "Nova Eva", "Apóstola dos Apóstolos". Para os primeiros pensadores cristãos, Maria Madalena serviu como um símbolo da humanidade ansiando por uma nova vida e pelo amor em Deus, e ela representava a completa redenção, descoberta no sepulcro vazio dentro de um jardim, como Eva tinha representado a nossa queda em um outro jardim.

A visão é muito ligada às Escrituras, tudo muito ligado ao papel de Maria nas aparições na Ressurreição e em sua fidelidade a Jesus durante a sua prisão e crucificação.

Por todo esse período, entretanto, houve diversos sinais: sinais de confusão, sinais de um bem ainda mais abrangente e profundo do qual se podia extrair, como cristãos, o significado dessa mulher na vida de Jesus e da Igreja. Lembre-se que a mentalidade da época era muito diferente da nossa.

Somos obcecados com história e fatos, uma clara divisão entre o passado e o presente. Os cristãos desse período pensavam e oravam muito mais cosmicamente. O mundo era cheio de significado — cada pedacinho dele. Os caminhos de Deus, tão vastos e profundos, podiam ser vislumbrados na riqueza da revelação, nos acontecimentos do passado e nas pessoas que tinham, no temor e na beatitude, caminhado com o Senhor e ouvido as suas palavras. Contemplar uma figura como a de Maria Madalena era um processo em que o passado era interpretado à luz de um passado ainda mais distante, na realidade do presente e na esperança do futuro. Sempre determinado a ser fiel à verdade, o processo era ainda imaginativo, ia longe e era provocativo no melhor sentido: provocava o ouvinte, o leitor e quem orava para que olhasse mais fundo, mais longe, para ver as ligações, grandes e pequenas, que nos unem uns aos outros e a Deus.

Assim, o Cristianismo cresceu e se desenvolveu, da mesma forma que os seus pensadores, extraindo do profundo bem das Escrituras e da Tradição, confrontando as questões, tentando dar respostas a silêncios desconcertantes. O que significa exatamente dizer que Jesus é inteiramente divino e inteiramente humano? O que significa a nossa redenção? Como somos salvos do pecado?

E no meio de toda essa conversa teológica e espiritual fascinante, uma questão menor, talvez, mas que era destinada a ter grandes implicações: Existem muitas Marias e mulheres anônimas nos Evangelhos. São pessoas diferentes? Elas podem ser uma só? Há mais implicações envolvendo Maria Madalena do que pensamos?

Cheio de Marias

A confusão sobre Maria Madalena se origina de dois fatores:

- Existe mais de uma "Maria" identificada nos Evangelhos, mesmo deixando de lado a Maria, mãe de Jesus. Crucial aqui é Maria de Betânia, que era irmã de Marta e de Lázaro, mencionada diversas vezes nos Evangelhos (Lucas 10:38–42; João 11:1–44; João 12:1–11).
- Há também mulheres anônimas que parecem ter as mesmas características de Maria Madalena. Ainda mais importante, imediatamente antes de Lucas apresentar Maria Madalena no capítulo 8, ele conta a história da mulher

arrependida, cujo nome não é mencionado, que unge Jesus (Lucas 7:36–50).

O modo como esses dois pontos causaram confusão é... confuso. Mas, em essência, o que aconteceu foi o seguinte: Maria de Betânia aparece ungindo Jesus em João 12:1–11. Alguns acabaram por associar essa história com a história da unção em Lucas 7, assim como em outras histórias de mulheres ungindo os pés de Jesus em outros Evangelhos. Além disso Maria Madalena é descrita chegando ao túmulo de Jesus para ungi-lo. Essa aura de lamentação e unção, assim como o fato de compartilharem o mesmo nome, levou alguns a acreditar que todas essas mulheres pudessem ser a mesma: Maria Madalena.

Finalmente, um outro elemento dessa mistura é o do pecado e do arrependimento. Como vimos antes, Maria Madalena é explicitamente descrita, tanto por Lucas quanto por João, como sendo uma mulher de quem Jesus expulsou sete demônios. Isso não tem o mesmo significado de ser uma "pecadora". Entretanto, comentadores posteriores, talvez não sabendo disso, confundiram os conceitos, dando mais peso para a associação com a mulher arrependida que ungiu Jesus em Lucas 7 e até mesmo com a mulher pega em adultério em João 8:1-11.

Mesmo nesses dois primeiros séculos, quando os holofotes estavam voltados para Maria Madalena como "Portadora-de-Mirra" e "Apóstola dos Apóstolos", alguns pensadores estavam confusos. Tertuliano, escrevendo no século II sobre a cena entre Maria e Jesus no jardim depois da Ressurreição, referiu-se a ela como "a mulher que era uma pecadora".

O grande pregador e bispo de Milão, Santo Ambrósio, divagou sobre a identidade das várias Marias. Existe mesmo uma tradição síria (indicada no Capítulo 3 deste livro, nas interpretações gnósticas de Maria) que substitui Maria Madalena, nas cenas com Jesus ressuscitado, por Maria, sua mãe.

Santo Agostinho, escrevendo no final do século IV e começo do V, não confundiu Maria Madalena com nenhuma outra figura, mas sugeriu que a mulher que unge Jesus em Lucas 7 poderia ser Maria de Betânia, irmã de Marta e Lázaro. Agostinho elogia Maria Madalena e, coerente com os pensadores que vieram antes dele, destacou o seu papel como a primeira testemunha do Cristo Ressurreto:

> "Então, conforme João nos informa, chega Maria Madalena, cujo amor inquestionavelmente ultrapassava o das outras mulheres que haviam participado do ministério de Jesus; por isso não é tão despropositado o fato de João tê-la mencionado sozinha, deixando as outras anônimas, mas que, entretanto, estavam com ela, como deduzimos dos outros relatos feitos por outros evangelistas." (Santo Agostinho, *Harmony of the Gospels*, Livro III: 24:69)

Essa ambigüidade de alguns dos relatos dos Evangelhos, assim como a natural curiosidade humana, levou alguns a questionar e outros a fazer algumas ligações entre as diversas mulheres nos Evangelhos. Entretanto, no final do século VI, a sorte foi lançada por séculos até chegar no Papa São Gregório I.

Três em Uma

Gregório I foi um dos dois papas chamados formalmente de "o Grande" — sendo o outro São Leão I — (que reinou de 440–461, tendo, entre outras coisas, convencido Átila, o Rei dos Hunos, a não invadir Roma). A sua grandeza vem da sua firme e enérgica resposta à época em que viveu — um período de desastres, mudanças e desintegração —, em que ele sabia que somente Cristo poderia transmitir uma esperança firme e segura.

Gregório foi papa durante o período em que a terra que conhecemos hoje como Itália estava constantemente sob o assédio de várias tribos bárbaras germânicas, principalmente os lombardos e os francos. Além disso, um desastre natural na forma de inundação devastou Roma no início do seu papado. Ele enfrentou os desafios, extraindo forças do seu passado monástico beneditino, com seu forte senso de ordem e de atendimento aos pobres.

Gregório também era muito presente para o povo de Roma, indo a várias igrejas no domingo, pregando sermões que eram pontuados com referências das Escrituras, muitos dos quais sobreviveram — juntamente com centenas de cartas escritas por ele — até hoje.

Acredita-se que uma das suas mais conhecidas homilias foi pregada em 21 de setembro de 591, na Basílica de São Clemente, em Roma. O assunto da homilia, mencionada como Homilia 33, foi a história da pecadora arrependida, de Lucas 7. Aqui, Gregório dá um salto e identifica essa mulher como Maria Madalena:

> "Ela, a quem Lucas chama de mulher pecadora e a quem João chama de Maria, acreditamos que seja a Maria de quem foram expulsos sete demônios de acordo com Marcos. E o que significam esses sete demônios, se não os vícios?... Está claro, irmãos, que a mulher anteriormente usava o ungüento para perfumar sua carne durante atos proibidos. O que antes ela exibia da maneira mais escandalosa, agora estava oferecendo a Deus de forma louvável. Ela tinha desejado com olhos terrenos, mas agora, graças ao arrependimento, eles estão consumidos pelas lágrimas. Ela desmanchava os cabelos para realçar o seu rosto, mas agora os cabelos enxugam suas lágrimas. Ela pronunciara palavras arrogantes, mas, ao beijar os pés do Senhor, agora colava a

> sua boca aos pés do Redentor. A todos os prazeres, portanto, ela tinha se entregado, agora ela se imolava. Ela transformou a massa dos seus crimes em virtudes, para servir inteiramente a Deus, em penitência por tudo aquilo que tinha feito de errado, desrespeitando a Deus." (Citado em Haskins, p. 93)

Em sua homilia, Gregório não está examinando Maria Madalena só em favor dela mesma. Ele a está oferecendo aos ouvintes como um exemplo da possibilidade de arrependimento e de promessa do perdão, o que às vezes é esquecido nas discussões contemporâneas da imagem aqui descrita, que tendem a criticar Gregório não só por seu aparente erro de interpretação, mas também por misoginia e desejo de degradar Maria Madalena. Fica evidente que ele não tinha em mente nenhuma intenção de degradá-la.

Os leitores modernos tendem a esquecer um ponto importante sobre a vida cristã nos séculos passados. Hoje, muitos de nós agem independentemente da convicção, não do pecado original, mas da santidade original. Temos uma visão da vida humana que se moveu gradativamente de uma visão realista, mas esperançosa, da humanidade e suas fraquezas, para a convicção profunda de que todo mundo está bem, o tempo todo, não importa o que haja — que todos somos "bons" e não precisamos de redenção. Esse, deveria ser óbvio, não era o modo como se viam as coisas antigamente.

Gregório estava falando para uma congregação que na certa não estava histericamente convencida da sua danação, mas que era ao mesmo tempo muito realista em relação ao pecado. Os ouvintes do papa entendiam o poder da tentação em suas vidas e a necessidade que tinham de Deus. Eles lamentavam seus passados pecaminosos e buscavam a misericórdia de Cristo e a força para seguir adiante e não pecar mais.

Assim, aqui, Maria Madalena não está sendo mostrada como uma figura para ser desprezada. O impacto causado por Gregório tê-la associado com a mulher pecadora de Lucas não foi para degradá-la, nem era essa a intenção. Ela foi mostrada como modelo: uma espécie diferente do modelo "Apóstola dos Apóstolos", certamente, mas ainda um modelo e uma inspiração. Não era uma trama para rebaixar as mulheres. Era a expressão de um desejo de descobrir a nossa própria história de perda e esperança na história do Evangelho.

O estudo histórico da expressão religiosa é muito complexo e desafiador, já que os historiadores tentam traçar as origens e o desenvolvimento de conceitos, idéias e práticas. Aquele momento no ano de 591 nos dá uma visão incomum que não encontramos normalmente em outros cultos de santos. Exatamente aqui, podemos ver muito claramente as origens de uma evolução inteiramente nova na hagiografia. Como observa a historiadora Katherine Ludwig Jansen: "Ao se apropriar da identidade da pecadora de Lucas, Gregório, o Grande, deu a Madalena um passado pecaminoso; ao assumir a personagem de Maria de Betânia, a Madalena ganhou irmãos (Marta e Lázaro) e ficou associada à vida contemplativa. Era uma peça de exegese audaciosa mas não caprichosa. Gregório estava evidentemente respondendo a questões sobre a identidade madaleniana, a qual, como vimos, já era objeto de muita confusão" (Jansen, p. 33).

Gregório pregou ainda uma outra homilia sobre Maria Madalena, em que detalha a sua vida contemplativa, implicitamente se referindo à história de Marta e Maria que se lê em Lucas 10. Essa imagem, também, permaneceria como uma parte da lenda da Madalena e se firmaria mais tarde na Idade Média.

A única grande discordância com relação à fusão das Marias aconteceu em 1519, com a publicação de um tratado escrito por Jacques Lefèvre d'Étaples, que ape-

> lava não somente para as Escrituras, mas também para os textos de São Jerônimo e Santo Ambrósio, para apoiar a sua visão das Marias com identidades separadas. Outros, inclusive São João Fisher (que foi afinal executado na Inglaterra anticatólica), argumentaram em favor da tradição da unidade de identidades. Lefèvre foi acusado de heresia, fugiu para a França, mas finalmente voltou como tutor dos filhos do rei. A teoria das Marias unificadas se manteve e também foi aceita pelos reformadores Lutero, Zuínglio e Calvino (Haskins, p. 246).

Como, podemos nos perguntar, poderiam duas homilias de um único papa, não interessa quão "grande" ele fosse, ter tal impacto em centenas de anos de devoção cristã que se seguiram? Está certo que não havia meios de comunicação rápida naqueles dias, mas *havia* comunicação. Homilias notáveis de pregadores notáveis — especialmente de papas admirados por suas pregações — eram colecionadas, copiadas, disseminadas e lidas por outros pensadores e pregadores. Não muito depois do papado de Gregório, a prática de escrever as vidas dos santos, em grande parte para auxiliar a pregação, tornou-se uma prática comum. Maria Madalena não é uma figura menor nos Evangelhos e o apelo da sua história era grande, especialmente quando temas de penitência começaram a dominar a espiritualidade cristã no começo da Idade Média. O que Gregório começou outros pregadores e hagiógrafos adotaram, elaboraram e, por sua vez, disseminaram. Em 720, encontramos o dia da festa de Maria Madalena indicado num martirológio compilado pelo Venerável Bede, um historiador da igreja inglês. A data é 22 de julho, a mesma data em que é comemorado atualmente.

E assim começa — a etapa seguinte e muito complicada da vida de Maria Madalena na Igreja. A devoção à Santíssima Virgem Maria, naquele momento, estava ainda começando e existia mais nas igrejas sírias e egípcias. O que observamos à medida que a Idade Média avança é que, enquanto a devoção à Santíssima Virgem Maria floresce, a mesma coisa acontece com Maria Madalena, mas por razões diferentes e provocada por um conjunto diferente de necessidades e motivações, sendo a base sobre a qual se fundou o "erro", talvez providencial, de Gregório, o Grande.

Questões para Reflexão

1. Quais eram as diversas histórias do Evangelho usadas por Gregório para falar sobre Maria Madalena?
2. De que modo podemos dizer que o conteúdo e o propósito do que Gregório fez é realmente consistente com o que as Escrituras nos falam sobre Maria Madalena?
3. Que diferença você acha que existe entre o que Gregório fez e o que os gnósticos fizeram com a figura de Maria Madalena?

Seis

"A LENDA ÁUREA"

Quando pensamos na Idade Média, é tentador pensar no período como um mero fragmento de tempo, quando cavaleiros, servos, monges e aldeões agiam dentro de uma fé simplista e na ignorância, esperando pela luz da Renascença e da Iluminação.

Errado. Pessoas ignorantes, normalmente, não constroem catedrais.

Tampouco foi um fragmento de tempo. O período medieval da história européia teve quase mil anos de duração, em geral datado a partir da queda do Império Romano no final do século V até o começo do século XV. Isso é muito tempo, tempo suficiente para o desenvolvimento de tradições religiosas e movimentos espirituais complexos e assentados.

A história contada sobre Maria Madalena durante esses séculos reflete essa riqueza. É, evidentemente, uma imprecisão falar de uma única "história", porque havia muitas. As lendas a respeito da sua vida durante o ministério de Jesus e depois da ressurreição floresceram. Diferentes santuários declaravam a guarda de suas relíquias. Milagres lhe foram atribuídos e registrados em livros, e ela era uma figura extremamente popular na pintura, na música e nas encenações — foram escritos mais hinos para ela do que para qualquer outro santo. E como eles falavam dela? E o que diziam essas lendas?

As histórias tomavam muitos rumos diferentes, mas a tendência era de se concentrarem em três áreas:

- O passado pecaminoso de Maria e sua conversão.
- A sua devoção a Jesus durante a vida dele.
- O seu trabalho evangelizador no sul da França.

Quando as pessoas da Idade Média pensavam em Maria Madalena, nunca se esqueciam da sua presença no sepulcro e do seu papel como "Apóstola dos Apóstolos" — ela ainda era venerada por isso. Mas outras imagens chegaram a dominar durante esse período: lágrimas, unção, pregação, contemplação e devoção. Ela era vista, antes da conversão, como um símbolo da Vaidade e do Luxo. E todos se maravilhavam com as imagens dela flutuando em contemplação, sendo alimentada por anjos.

Tudo em Família

No começo do período medieval, a identificação que o Papa Gregório, o Grande, fez de Maria Madalena com Maria, a irmã de Marta, e depois com a mulher arrependida que aparece em Lucas 7, firmou-se no Ocidente, conforme os seus sermões circulavam e eram estudados. Lembre-se de que a Igreja Oriental nunca fez essa associação, continuando a ver todas as três mulheres como figuras distintas, celebrando Maria Madalena basicamente por seu papel como "Portadora-de-Mirra" e "Apóstola dos Apóstolos".

Mas, no Ocidente, a ligação era sólida e quase incontestável. A homilia de Gregório havia direcionado o pensamento nesse sentido e, poucos séculos depois, as histórias e as lendas baseadas em sua interpretação começaram a surgir. Em uma parte da Europa, a história dela tinha sido fundida com a da eremita Maria do Egito e se difundia, em meados do século IX, como sua *vita eremitical*.

Por volta do mesmo período, diversas outras histórias em circulação tinham se originado em Cluny, um grande mosteiro francês cisterciense, e foram tradicionalmente atribuídas a um monge chamado Odo. Essa série de histórias, chamada de *vita evangelica*, reunia e embelezava todas as histórias do Evangelho sobre Maria Madalena, que a essa altura incluíam, é claro, histórias que, nos Evangelhos, envolviam Maria, irmã de Marta e Lázaro, e a pecadora arrependida de Lucas.

No século XI, surgiu a peça final do quebra-cabeça: a *vita activa*, ou histórias que alegavam que Maria Madalena tinha passado a maior parte da sua vida depois da Ascensão no sul da França, que ela evangelizou e onde foi enterrada.

Desse ponto em diante, a maioria das versões da vida de Maria Madalena inclui esses três elementos: as histórias dos Evangelhos, a pregação na França e a vida contemplativa.

A vida dos santos constituía uma parte importante do credo cristão medieval. Elas eram usadas pelos padres em suas homilias, e contadas e recontadas de modo que as pessoas comuns vissem como Deus tinha operado no mundo — e ainda operava. Muitas vidas de santos do período medieval são conhecidas até hoje, mas talvez a obra mais conveniente para se ter uma noção de como as pessoas na Idade Média ouviam a história de Maria Madalena é por intermédio da coletânea chamada *A Lenda Áurea*.

A Lenda Áurea, ou *Legenda Aurea*, foi assim chamada por sua popularidade duradoura. Foi compilada, provavelmente por volta de 1260, por Jacobus de Voragine, um dominicano que afinal se tornou arcebispo de Gênova e foi beatificado pelo Papa Pio VII, em 1816.

O trabalho não é uma composição original, mas antes uma enciclopédia da vida dos santos — notas sobre eles. Os estudiosos modernos rastrearam as fontes de muitas das histórias que Jacobus conta, chegando a obras mais remotas, e foram capazes até mesmo de discernir a sua sensibilidade crítica, que o fez incluir ou deixar de fora materiais constantes em outras coletâneas e lendas que circulavam na época. A história de Maria Madalena, segundo Jacobus em *A Lenda Áurea*, é mais ou menos assim:

Maria era irmã de Marta e de Lázaro. Eles faziam parte de uma família rica que possuía muitas terras, inclusive, indiscutivelmente, as cidades de Magdala e Betânia. Lázaro era um militar. Marta, coerentemente com a sua personalidade ativa descrita em Lucas (10:38–42), cuidava do patrimônio. Maria de Magdala, linda e rica, devotava-se aos prazeres de toda sorte, inclusive os físicos.

Certo dia, Maria ouviu falar de Jesus e soube que ele estava jantando na casa de Simão, "o leproso". Ela foi até ele em penitência e lavou os pés dele com suas lágrimas e os secou com os cabelos — a história contada em Lucas 7 de uma mulher anônima arrependida. Jacobus identifica as duas mulheres como uma só e descreve o ato de Jesus expulsando os sete demônios como uma forma de perdão.

Maria é agora a mais devotada discípula de Jesus.

> "Esta é a Madalena a quem Jesus concedeu tantas graças e a quem ele demonstrou tantos sinais de amor. Expulsou sete demônios dela, deixou-a totalmente tomada de amor por ele, incluiu-a entre os seus familiares mais chegados, era seu convidado, deixava-a fazer os trabalhos caseiros quando viajavam e delicadamente assumia a sua defesa em todas as ocasiões. Ele a defendeu quando os fariseus disseram que ela era impura, quando a sua irmã disse que ela era preguiçosa, quando Judas a chamou de esbanjadora." (*The Golden Legend*, traduzida para o inglês por William Granger Ryan [Princeton University Press, 1993], p. 376)

Jacobus então pula vários anos — quatorze anos depois da Ascensão, para sermos exatos —, para tratar da comunidade cristã sendo perseguida em Jerusalém. As narrativas da Ressurreição, estranhamente, não têm papel nenhum na história dele. Maria, Marta e Lázaro, além de outros — inclusive um homem chamado Maximino, que iria se tornar, de acordo com a lenda, um bispo importante — foram enfiados num barco sem remo ou vela e postos no mar. Acabaram chegando a Marselha, na costa sul da França.

A partir desse ponto, a história fica centralizada na assombrosa carreira de Maria Madalena como evangelizadora. A sua pregação convence os moradores a deixarem de adorar ídolos — não é de se admirar, ressalta Jacobus, já que "pela boca que deu tantos beijos pios e belos nos pés do Salvador devia brotar o perfume da palavra de Deus mais profusamente do que pela boca dos outros" (*The Golden Legend*, p. 377).

Maria convence o governador de Marselha e a mulher dele sobre a verdade do Evangelho, e eles pedem a ela para que reze a fim de que concebam um filho. Ela faz isso, e a mulher fica grávida. O governador, entretanto, não está muito convencido da verdade do Evangelho e decide viajar para Roma a fim de falar pessoalmente com Pedro. (Alguns sugerem que esse elemento da trama aponta para o desconforto com a pregação carismática de uma mulher e implica a necessidade do papel desempenhado por uma autoridade institucional.) A mulher dele vai junto na viagem e, no meio de uma tempestade, dá à luz e morre.

Numa cena que lembra de algum modo a história de Jonas, os marinheiros exigem que o governador lance os corpos da mulher e do filho recém-nascido no mar para que a tempestade passe. Mas ele se recusa, em vez disso parando para colocá-los sobre uma elevação — o bebê em cima do cadáver da mãe. A embarcação segue para Roma, o governador ouve a reafirmação que buscava e chega a fazer uma viagem paralela a Jerusalém.

No caminho de volta, o governador tem uma agradável surpresa: na praia onde tinha deixado a mãe e o bebê, seu filho estava brincando. O menino acha alimento e proteção no corpo da mãe, e nesse momento ela desperta e conta ao governador que Maria Madalena a tinha protegido e até mesmo levado o seu espírito a Roma e a Jerusalém com ele.

Voltando a Marselha, a família feliz vê Maria e testemunha a sua pregação, pedindo a Maximino que os batizasse, a essa altura também providenciando a destruição de todos os templos pagãos na cidade e supervisionando a eleição de Lázaro para bispo.

Nesse ponto, relata Jacobus, Maria Madalena retira-se para o ostracismo e "vive incógnita por trinta anos em um lugar preparado pelas mãos de anjos" (*The Golden Legend*, p. 380). Ela era levada para o céu todos os dias durante as horas tradicionais de prece, a sua alma era alimentada lá e, portanto, ela não precisava de comida terrena. Ela morreu numa capela atrás da cidade, depois de receber a comunhão pelas mãos do Bispo Maximino. Jacobus encerra o seu relato com histórias de milagres atribuídos à intercessão de Maria e suas relíquias, assim como também com o desmentido de uma lenda particular que circulava naquele período: que Maria era na verdade casada com João, o Evangelista, e que tinha sido no casamento deles, em Canaã, que Jesus tinha convertido água em vinho.

> O resto da história, aparentemente, era que João, durante o casamento, tinha sido inspirado a seguir Jesus, e Maria tinha ficado tão brava que tinha se entregado ao pecado. Jacobus nega que, embora o noivo em Canaã fosse certamente João (uma outra lenda medieval), um relato confiável diz que a noiva em questão não reagiu, na verdade, tornando-se uma libertina, mas, em vez disso, passou a acompanhar a Virgem Santíssima, ela mesma se mantendo virgem.

"Essas histórias", observa Jacobus, "devem ser consideradas falsas e frívolas" (*The Golden Legend*, p. 382).

Essas são, em linhas gerais, as lendas sobre Maria Madalena, como Jacobus as relata. Muitas outras versões da vida de Maria Madalena datando do século IX ao XIII têm sido identificadas, contendo alguns ou todos os elementos encontrados no relato de Jacobus. Como dissemos antes, a fonte que inspirou o relato do período de trinta anos de contemplação é a vida de Maria do Egito, uma figura do final do século IV e começo do V, que segundo o que se contava passou cinqüenta anos no deserto da Palestina como penitência por ter sido prostituta. De alguma forma — talvez por Maria, a irmã de Marta, ser caracterizada como contemplativa em contraste com sua irmã —, a imagem dela também acabou associada com a de Maria Madalena.

Outras versões da vida contemplativa de Maria Madalena incluem detalhes extraídos da vida de uma outra santa: Santa Agnes. Ela, jogada nua em um bordel como punição por recusar os avanços de um oficial romano local, miraculosamente viu o seu cabelo crescer chegando a um comprimento suficiente para cobrir o próprio corpo. As histórias tanto de Maria Madalena como de Maria do Egito incluem o crescimento miraculoso do cabelo, e os retratos mais artísticos de Maria Madalena no ostracismo apresentam-na com o cabelo descendo em cascatas de sua cabeça e cobrindo o corpo inteiro.

Não podemos estabelecer com muita firmeza o quanto era forte essa imagem da Maria Madalena contemplativa para os cristãos, independentemente do sexo. Os homens, particularmente os franciscanos e os dominicanos, viam nela um modelo, como faziam, às vezes de forma radical, as mulheres que procuravam levar uma vida solitária de contemplação. Em Maria Madalena, elas se encontravam.

> "Para cima, naquela desolada montanha,
> Onde a Madalena contempla,
> Vamos com cantos suaves
> E uma mente pura e serena,
> Ela está suspensa no ar
> Na face mansa do Nazareno."
>
> (*Laude*, de Girolamo Savonarola, século XV, citado em Jansen, p. 129)

Uma Outra Vida

Para se ter uma idéia de como era rica a reflexão medieval sobre Maria Madalena, vamos dar uma espiada em mais uma versão de sua vida. Esta, *A Vida de Santa Maria Madalena e de Sua Irmã Santa Marta*, não tem nenhum autor vinculado a ela, mas o tradutor e comentador de uma edição recente afirma que ela data do final do século XII e que reflete a espiritualidade de São Bernardo de Clairvaux, um pregador famoso e membro da ordem monástica cisterciense.

A espiritualidade de São Bernardo é marcada por um amor profundo, expressivo e apaixonado. *Life*, supõe-se, foi escrita por um cisterciense porque as descrições do autor do amor que Maria tinha por Jesus são exageradamente passionais, de tal modo que às vezes nos deixa, lendo quase mil anos depois, incomodados.

Essa cena é igual àquela de *A Lenda Áurea*: Maria, irmã de Marta e de Lázaro, é devassa e sensual. Ouvindo, entretanto, Jesus na casa de Simão, a sua consciência é tocada. Levada pelo Espírito Santo, ela junta seus óleos e se aproxima, e numa cena que evoca a imagem do nascimento, ela fica livre de seus demônios:

> E logo, tendo por sua interdição eterna posto para fora e
> confinado os sete demônios que a atormentavam, ele a

preencheu novamente com os sete dons do Espírito. Impregnada com esses, pela fé ela concebeu uma esperança boa dentro de si e deu à luz sua calorosa caridade ... Com a consciência proveitosamente carregada com essas coisas e com a inteireza do seu arrependimento por sua vida passada, abundando de devoção agradável a Deus, que lhe instilava uma certa esperança de perdão, ela chegou à ceia do Senhor. (*Life*, 35; VI: 230–235)

Life segue adiante, colocando Maria e Jesus lado a lado, junto com a outra mulher mencionada em Lucas 8, e levando-o de volta a Betânia e Magdala para visitar sua família. Ela está presente em muitos dos seus milagres — até mesmo, é lógico, na ressurreição de Lázaro. A última unção em Betânia é descrita com um detalhamento físico acurado e vale a pena ser lida na íntegra:

> Tendo borrifado os pés do Salvador com o precioso nardo, ela o espalhou sobre eles e os massageou com as mãos e os dedos; então ela os envolveu delicadamente com seus cabelos, que eram de uma beleza surpreendente. Atraindo-os para o seu peito e seus lábios, ela carinhosamente os lavou. Ela os segurou e acariciou durante um longo tempo, então deixou que eles se afastassem.
> ... Depois de ter ungido os pés dele, acendeu-se em sua alma uma chama de grande amor, que ele mesmo tinha despertado nela, essa mulher que pregava para ele; que, confiando em Deus e na afeição que tinha se formado entre eles, prestou para ele as tarefas próprias da amizade, já que ela tinha recebido muitas vezes, se não estou errado, a permissão de fazê-lo. Adorando o Salvador, ela reverentemente se aproximou daquela cabeça santificada, que anjos, arcanjos, principados e potestades veneram. Levando para trás com os dedos o cabelo do Deus Todo-Poderoso, ela quebrou o vaso de

alabastro e despejou o resto do nardo sobre a cabeça do Filho de Deus. Então, massageando o cabelo dele com suas mãos, ela habilmente espalhou a essência consagrada sobre a testa dele e as têmporas, pelo pescoço dele e as áreas circundantes, já que era a unção de nobreza. Desse modo, Maria completou as tarefas da devoção religiosa que Salomão pessoalmente entoou em seu Cântico de Amor: "Enquanto o rei está assentado à sua mesa, dá o meu nardo o seu cheiro". Como cheiravam docemente as mãos e os lábios de Maria ao tocar os pés de Cristo, cuja fragrância superava todos os perfumes! Agora a casa estava tomada pelo cheiro do perfume, como o mundo ficaria tomado pela fama dessa proeza. (*Life*, 55–56)

O autor de *Life*, ao contrário de Jacobus, leva um bom tempo esmiuçando os relatos dos quatro Evangelhos sobre as aparições pós-Ressurreição, examinando bem de perto o simbolismo dos perfumes da unção e as ligações com a noiva esperando e ansiando por seu esposo no Cântico dos Cânticos. A linguagem é rica e vibrante:

Por fim o Salvador se convenceu de que o amor que lhe tinha dado tanto prazer nunca cessara de arder no peito da sua primeira serva e amiga especial, e ele sabia ... que ele havia subido à presença do Pai no coração da fazedora do seu perfume. Da mesma forma como a tinha feito a evangelista da sua ressurreição, ele a fazia agora apóstola de sua ascensão para os apóstolos ... (*Life*, 72–73)

O autor faz, como escritores de séculos antes dele tinham feito, ligações entre Maria e Eva:

Observem como a Vida, que tinha se perdido na terra por meio de Eva, fora restaurada por ele que tinha sido parido pela Virgem Maria. Do mesmo modo como Eva no paraíso certa vez dera ao marido uma bebida envenenada, assim agora Madalena presenteava os apóstolos com o cálice da vida eterna. (*Life*, 73)

Alguns acham a afirmação de que o Cristianismo medieval demonizou Maria (expressa por escritores como Dan Brown em *O Código Da Vinci*) particularmente difícil de engolir, diante de uma passagem sumária como esta:

As honras divinas concedidas a ela eram na verdade multiplicadas, porque ela foi glorificada por sua primeira aparição; elevada à posição honrosa de apóstola; instituída como evangelista da ressurreição de Cristo; e designada como profeta da sua ascensão para os seus apóstolos. (*Life*, 79)

Life é uma amostra muito expressiva dessa espiritualidade cisterciense que às vezes pode parecer quase erótica para nós — como, por exemplo, nesta passagem descrevendo a tristeza de Maria depois da Ascensão e, afinal, o consolo que encontra na contemplação:

E finalmente depois de muitos sinais, depois de uma longa espera, depois de ansiar por muito tempo pela mais alegre das visões, ela ficou satisfeita à vista da face amada. No descanso da eterna contemplação, ele lhe deu doces abraços ... A amante pensava interminavelmente em seu amado, e em sua meditação ela queimava com o fogo do amor, o fogo inextinguível em que ela se consumia diariamente em holocausto por seu amor insaciável pelo Redentor. (*Life*, 86–88)

O que significa isso? Isso significa, antes de tudo, que os leitores de *Life* viviam e pensavam de um ponto de vista totalmente diferente do nosso. Salvação, redenção e vida eterna com Deus que é Amor era a realidade fundamental para a qual os seres humanos tinham sido criados. Essas pessoas conheciam o amor humano, obviamente, e não eram estranhas às paixões humanas. Para elas, como para o escritor do Cântico dos Cânticos mil anos antes, a paixão entre o homem e a mulher não era apenas um fim em si mesma e, de fato, tratá-la desse modo era pecado. O amor humano, com seu poder de consumição e possibilidade de dar vida, era um indício do que era o amor de Deus. Muitos escritores religiosos não têm a menor hesitação em extrair suas descrições do êxtase espiritual do seu conhecimento do êxtase do amor humano. Qual o melhor modo de evocá-lo? Qual seria, afinal, uma metáfora melhor do que essa?

Alguns intérpretes modernos vêem esse tipo de linguagem como um sinal de que, na verdade, deve ter havido uma tradição muito bem enterrada de um casamento ou caso de amor entre Maria Madalena e Jesus. Na verdade não é isso que ocorre, porque esse tipo de linguagem é ligado muito proximamente a esse estilo particular de espiritualidade. E do mesmo modo como as imagens do Cântico dos Cânticos de amante cheia de desejo é freqüentemente usada para caracterizar Maria Madalena, é também usada, provavelmente em mais lugares, para descrever a Igreja em geral esperando pela vinda do Senhor.

O propósito fundamental dessa linguagem é revelar ao leitor a riqueza do amor de Deus e inspirá-lo a ir em busca dele. Maria, uma grande pecadora, de acordo com essa tradição, abriu-se para a graça, recebeu-a e, como fruto, surgiram em sua vida os dons do Espírito e a alegria incansável. Esse fruto não é reservado apenas para ela, mas para qualquer cristão que ame ao Senhor com fidelidade e paixão:

... muito mais feliz [é] aquele que foi tão motivado e que extraiu tal prazer na extraordinária fragrância dos atos de Maria que seguiu o exemplo da sua conversão, imprimiu em si mesmo a imagem do seu arrependimento e encheu o espírito com a devoção dela, a ponto de tornar a si mesmo um parceiro, dividindo com ela a melhor parte que ela escolhera. (*Life*, 81)

Life então segue Maria, Marta, Lázaro e Maximino (aqui ele se chama Maximus) ao sul da França, coerentemente com a lenda dominante naquele período. O escritor descreve a pregação de Maria, o poder que tinha suas raízes em sua conversão e a esperança que isso podia dar aos outros, assim como seu conhecimento íntimo de Jesus:

... ela mostrava também os cabelos com os quais pela primeira vez secara as lágrimas que haviam caído nos pés dele e, numa segunda vez, no banquete, com os quais enxugara o precioso nardo que havia despejado em seus pés; e também a boca e os lábios, pelos quais os pés dele tinham sido beijados centenas e centenas de vezes, não somente enquanto ele vivera, mas também depois que morreu e quando tinha ressuscitado dos mortos ..." (*Life*, 96)

Marta, sendo ativa, não ficava sentada e imóvel nessa ocasião. *Life* enfatiza o seu trabalho de pregação e de milagres, especialmente de cura, e ambas as obras, essa e *A Lenda Áurea*, incluem a história de Marta, de modo semelhante a São Jorge, derrotando um dragão que aterrorizava a população, submetendo-o com o sinal-da-cruz e amarrando sua faixa (uma espécie de cinto de tecido) em volta do pescoço dele.

É interessante notar que o autor de *Life* sabe da história de Maria Madalena sendo levada para o céu sete vezes ao dia por anjos, mas descarta isso com um toque de contrariedade, e também descarta a história das décadas de exílio auto-imposto por ela. Ele observa que o último elemento foi tirado da vida da "Egípcia Arrependida" — Maria do Egito — e daqueles que alegam que isso se encontra nas obras de Josefo; mas, como ele mesmo explica, Josefo nunca mencionou Maria Madalena. Ele vai permitir, entretanto, que a história dos anjos possa ser "entendida num sentido místico", em que Maria certamente em contemplação na presença de anjos foi consolada por Deus de forma surpreendente.

Muitas vezes, pensamos modernamente nas gerações anteriores como sendo mais crédulas e despidas de senso crítico. No momento em que tanto Jacobus quanto o autor de *Life* incluem histórias que podemos sentir como forçadas, podemos ver que realmente — trabalhando no contexto da própria visão de mundo deles e das fontes disponíveis, que é tudo o que qualquer um pode fazer — eles na verdade exerciam um julgamento crítico: Jacobus ao criticar a identificação de Maria Madalena com a noiva de Canaã, e o autor de *Life* com as histórias de Maria no exílio. Quer ele soubesse a respeito disso ou não, é interessante notar que o autor de *Life* também não inclui as histórias sobre o governador de Marselha, a mulher e o filho.

Life acaba, é lógico, com a morte de Maria Madalena. Marta morre antes, e somente uns poucos dias depois, Maria, com sessenta e cinco anos e morrendo, pede que a levem para fora. Uma multidão se reúne para rezar com ela enquanto ela espera para se reunir ao Salvador. Ela pede também que um relato do sofrimento de Jesus na cruz seja lido para ela em hebraico, identificado como a sua língua nativa, e, ao ouvir o último suspiro de Jesus na cruz, ela finalmente morre.

Amor Fiel

O exame dessas lendas populares sobre Maria Madalena revela muita coisa sobre a atração exercida por ela durante a Idade Média. Ela era exaltada, antes de tudo, por seu arrependimento e sua conversão, e em segundo lugar por seu grande amor por Cristo expressado em sua fidelidade aos pés da cruz. Ao amar Cristo, ela por sua vez é amada e gratificada: ela é a primeira testemunha do sepulcro vazio e se torna "Apóstola dos Apóstolos".

Por último, Maria era um prodígio para essas pessoas por sua pregação e vida espiritual. Ela era apresentada como exemplo e inspiração para os pecadores de todas as partes. Maria Madalena foi uma santa muito popular durante a Idade Média precisamente por causa disso. A Virgem Santíssima também era objeto de reverência, é claro, mas o que Maria Madalena personificava, e a Virgem Maria não, era a dinâmica da conversão e o fruto do arrependimento, por isso a esperança que ela levava para os pecadores que ouviam a sua história era muito humana, real e possível.

O que é fascinante com relação a esses relatos é que eles contêm muito poucos qualificativos relativos ao sexo feminino: não há críticas implícitas relacionadas à fraqueza das mulheres, nenhuma sensação de que fosse incomum celebrar uma mulher por sua pregação e evangelização.

É tocante observar como as tradições populares relativas a Maria Madalena eram capazes de vê-la simplesmente como uma discípula amada e abençoada. A reconfortante recusa de ficarem fixados nela "como mulher" em seu relacionamento com um mundo que pertencia aos homens é algo digno de nota — e, quem sabe, a ser imitado.

Questões para Reflexão

1. Qual é o retrato de Maria Madalena que emerge dessas lendas?
2. Essa representação está em conflito, em espírito, com o que os Evangelhos nos transmitem?
3. Quais os pontos que você considera úteis nessas histórias? Quais você acha perturbadores e inúteis?

Sete

TOCAR A MADALENA

O Catolicismo é, graças a Deus, uma fé completamente fundada na vida — nela toda. Acreditamos, muito biblicamente, que a terra é do Senhor, por meio da qual ele se revela. Não fugimos assustados diante da parte física, do concreto ou das possibilidades de ser tocado por Deus por meio daquilo que ele criou, inclusive o espaço e o tempo.

Esse é o sentido essencial da Encarnação, e é fundamental para o Catolicismo. Essa é a sensibilidade que jaz por trás do uso católico de objetos, relíquias e lugares sagrados. Do mesmo modo que uma carta ou a fotografia de alguém que amamos, essas coisas podem nos falar eloqüentemente de Deus.

Um Momento no Tempo

A nossa celebração do trabalho de Deus em nossa vida e na vida dos santos não acontece por acaso. Os seres humanos vivem no espaço e também no tempo. O Cristianismo, como outras religiões, marca o tempo com festas e estações, e fez isso desde o início.

Os momentos mais importantes do calendário mais antigo para os cristãos eram, é claro, o primeiro dia da semana, em louvor à Ressurreição, e depois, uma vez por ano, a festa da Páscoa.

As comemorações e rituais que cercavam a Páscoa gradativamente se expandiram para abranger o Carnaval, a Semana Santa, a Quaresma e a estação depois da Páscoa. O Nascimento de Jesus era celebrado em alguns lugares no final do século IV, e a celebração dos dias de festa dos santos era bem estabelecida no século V. Hoje, no Ocidente e na maioria das Igrejas do Oriente, o 22 de julho é o dia da festa de Maria Madalena. Essa data tem se mantido constante, tendo ocorrido a sua primeira aparição numa lista compilada pelo historiador Venerável Bede, de fontes do Oriente, no século VIII. Encontram-se preces para a festa nos livros litúrgicos do século IX, e a missa completa, com todas as preces e leituras compostas e dispostas que se referem a ela, é encontrada no século XII (Haskins, p. 109).

A festa de Maria Madalena era também um ponto alto das festas — era "dobrada", o que significa que precisa ser celebrada. O Credo de Nicéia era recitado no dia da sua festa, o que só acontecia aos Domingos e nos dias de festa dos Apóstolos.

Na Igreja do Ocidente, até o Concílio Vaticano II, as leituras e preces para o 22 de julho refletem a fusão de Marias feita pelo Papa Gregório. Quando o calendário foi revisto depois do concílio, foram retiradas as referências a qualquer outra Maria que não fosse aquela definitivamente identificada como Madalena — do Evangelho, por exemplo, ficou o relato do encontro de Jesus e Maria depois da Ressurreição, no capítulo 20 do Evangelho de João, em vez do relato da pecadora arrependida sem nome que aparece em Lucas 7, que tinha permanecido durante os últimos mil anos. As liturgias das Igrejas Orientais, como veremos mais adiante, nunca adotaram a visão de Gregório e mantiveram as Marias separadas tanto na comemoração quanto na hagiografia.

A data da festa de Maria ficou mais destacada pelas comemorações nos lugares especificamente associados a ela, que na verdade eram dois ao longo da Idade Média. Ambos na França, apresentando diferentes alegações e relatos entrelaçados e competitivos, as suas histórias fornecem uma valiosa observação sobre o papel dos santos e de suas relíquias na vida cristã medieval.

Vézelay

No início da Idade Média, os peregrinos que iam para a Cidade Santa visitavam a casa, ou "castelo", de Lázaro, Maria Madalena e Marta, em Betânia, e havia muitos pontos em Jerusalém que estavam associados a ela como a figura fundida à da pecadora em Lucas 7 ou à da mulher adúltera descrita em João 8.

Éfeso, também, era fortemente associada com Maria Madalena desde a antiguidade. Entraremos em mais detalhes sobre esse assunto no Capítulo 8 sobre o Cristianismo Oriental e Maria, mas é importante observar aqui que muitos escritores ocidentais a colocaram em Éfeso antes das lendas francesas se tornarem populares. São Gregório de Tours, um historiador frâncico do século VI, escreveu que Éfeso foi o último destino de Maria, no qual inclui São João e a Virgem Maria. Temos textos relatando visitas ao seu túmulo em Éfeso por um monge anglo-saxão no século VIII e um russo no século XII, e existe uma extensa coletânea de lendas relacionadas ao local nas tradições cristãs orientais.

Entretanto, também no início da Idade Média, os cristãos no Ocidente começaram a notar a presença de Maria Madalena em seus territórios. Alegações da existência de relíquias de Maria Madalena surgiram nos séculos X e XI na Inglaterra (um dedo) e na Espanha (uns fios de cabelo), e se dedicavam altares a ela durante esse mesmo período em alguns lugares da Europa.

Mas a primeira peregrinação séria dedicada a Maria Madalena foi a Vézelay, numa montanha na região da Borgonha, na França, muito longe, a propósito, de Marselha, no sul da França, onde as lendas realmente localizavam Maria, Marta e Lázaro.

Vézelay floresceu como local de peregrinação dedicado a Maria Madalena, que supostamente abrigaria o corpo dela, no século XII; suposição encorajada por um determinado Abade Geoffroi. As origens do *cultus* são, o que não é nada surpreendente, obscuras, mas parece que começaram no século IX, quando um monge trouxe alguns ossos para serem embalados como relíquias na igreja. O historiador Christopher Olaf Blum continua a história na seguinte passagem:

> "Lá eles ficaram em silêncio por quase um século e meio. No século XI, o culto de Maria Madalena começou a crescer no leste da França, aonde chegou vindo da Itália via Alemanha, e igrejas eram dedicadas à santa em Verdun, Reims e Besançon. Inspirado por essa devoção crescente, o Abade Geoffroi de Vézelay dedicou um altar na abadia para a santa penitente e incentivou o seu culto. Depois que uma peregrina das vizinhanças de Alésia teve a mão curada após ter rezado ali, espalhou-se a notícia de que os ossos que estavam na cripta eram os de Madalena. Dentre todas as explicações sobre como os ossos dela poderiam ter ido da Terra Santa até a Borgonha, a melhor foi a que deram os monges inicialmente: 'todas as coisas são possíveis para Deus, e o que ele desejar, ele faz'." ("Vézelay: The Mountain of the Lord", *Logos: A Journal of Catholic Thought and Culture*, 8:3 [2005], pp. 141–164)

Afinal, os monges tentaram ser mais específicos. Nesse período antes da padronização mais ou menos aceita de *A Lenda Áurea*, circulavam ainda muitos relatos diferentes da vida de Maria Madalena depois da Ascensão. Primeiramente, os monges de Vézelay declararam que o corpo de Maria Madalena tinha chegado até eles depois de um de seus monges, Baidilo, ter feito uma peregrinação à Terra Santa e trazido relíquias de lá. Um século mais tarde, quando as lendas da Provença estavam ganhando popularidade, foi oferecida a explicação de que as relíquias tinham sido carregadas, ou "transferidas", da Provença e levadas para o norte, para a Borgonha, em 745, para protegê-las dos invasores sarracenos (turcos muçulmanos). A identidade das relíquias de Vézelay foi formalmente verificada duas vezes, uma vez na presença do rei francês e outra por um núncio papal.

A peregrinação era uma prática espiritual vital durante o período medieval. A jornada até o lugar santo era penitencial por seu desconforto físico, perda de ganhos e tempo longe de casa. O objeto da peregrinação podia abranger relíquias ou ter sido o local de um acontecimento importante, como uma visão, um milagre ou um martírio. Vézelay, como o local das relíquias da Maria Madalena arrependida, era um lugar a que os cristãos iam para ter os pecados perdoados e as doenças curadas. Por isso, antigos prisioneiros — libertados, acreditavam eles, por intercessão dela — deixavam suas correntes diante das relíquias para que o abade pudesse fundir o metal e forjar uma mesa de comunhão com elas. O que ajudou a popularidade de Vézelay foi sua localização em uma das rotas de peregrinação para Santiago de Compostela, na Espanha (até hoje um caminho muito percorrido), e, por sua vez, alimentou a popularidade de Santa Maria Madalena, sua lenda e seu dia de festa.

Isso, entretanto, não iria durar, e a história de Vézelay acabou por ficar difícil. A rivalidade entre os monges e os moradores da cidade, e entre a nobreza francesa e Roma, acabou por enfraquecer o mosteiro. As questões que tinham permanecido nas sombras, como a da identidade das relíquias, estenderam-se ainda mais no século XIII, à medida que as lendas sobre Maria Madalena na Provença ocuparam o imaginário popular e mais locais nessa área se tornaram associados à figura dela.

Em 1295, o Papa Bonifácio VIII declarou que o corpo dela repousava em Aix, perto de Marselha, não em Vézelay, e os dias de glória do mosteiro chegaram ao fim. A igreja, reconstruída no século XII, foi desfigurada durante a Revolução Francesa, como tantas outras igrejas na França, mas foi restaurada em meados do século XIX. Infelizmente, a maior parte das características pictóricas e arquitetônicas retratando Maria Madalena não existe mais.

Saint-Maximin

Desde o século XIII, o centro do culto de Maria Madalena foi em Saint-Maximin, no sul da França. No início do século, uma gruta nas montanhas, perto da cidade, acabou identificada e reverenciada como o local onde ela passou aqueles últimos anos da sua vida em contemplação, e isso era até mesmo reconhecido nos relatos escritos sobre o roubo de suas relíquias pelos monges de Vézelay.

Por alguma razão desconhecida, em 1279, os monges de um outro mosteiro — em Saint-Maximin — declararam que tinham descoberto o corpo de Maria Madalena em sua própria igreja. Foi dito que o sarcófago de mármore, datado do século IV e de padrão romano, continha o corpo de uma mulher, com (dependendo do relato) um funcho ou uma palma saindo para fora da boca do crânio — a palma simbolizando a sua evangelização. Afirmou-se que documentos datados do século VIII atestavam a identidade da mulher como sendo Maria Madalena. A explicação era que os monges encarregados na ocasião enterraram as relíquias, mais uma vez, para protegê-las dos sarracenos. Em 1295, o Papa Bonifácio VIII autenticou as relíquias e colocou-as a cargo dos dominicanos, que adotaram Maria Madalena como uma de suas padroeiras e que continuam a exercer essa função até hoje.

Em 1315, Saint-Maximin produziu o que poderia ser visto como uma prova final da autenticidade da sua reivindicação: um *Book of Miracles of St. Mary Magdalene*. Como a historiadora Katherine Ludwig Jansen esclarece, o livro era uma espada de dois gumes, não sendo apenas a celebração de Maria Madalena, mas um insulto dirigido a Vézelay: o primeiro milagre registrado no livro descreve um contraste entre as relíquias desprovidas de poder de Vézelay e o poder miraculoso das existentes na Provença (Jansen, p. 43).

Maria Madalena ainda hoje é venerada em Saint-Maximin. A gruta de sua suposta fase contemplativa é ainda um local de peregrinação. Localiza-se no alto, em uma montanha chamada Ste.-Baume, à qual se chega depois de quarenta e cinco minutos de caminhada, saindo do convento dos beneditinos, os quais fornecem alojamentos para os peregrinos. As relíquias dela, de volta à vila, são expostas no dia da sua festa, 22 de julho. Um relicário em forma de cabeça contém uma caveira e, carregado por doze homens, segue em procissão pela vila de Saint-Maximin, cujos moradores, vestidos nessa ocasião com trajes do século XIII, juntam-se a ela.

Há modos para se conciliar todas essas lendas. Os livros católicos mais antigos fazem isso ao dizer que um monge de Vézelay realmente levou as relíquias de Saint-Maximin para protegê-las dos sarracenos, deixando algumas para trás (as que foram redescobertas no século XIII). Entretanto, a popularidade das relíquias de Saint-Maximin e o colapso do santuário de Vézelay nos dizem qual era o significado da fé em questão. Fazia perfeitamente sentido para eles cultuar Maria Madalena no lugar em que supostamente ela tinha vivido, pregado, rezado e afinal ido ao encontro de Deus.

Questões para Reflexão

1. Para que servem as peregrinações?
2. Que objetos, lugares e épocas você associa à fé?
3. Por que as relíquias de Maria Madalena eram importantes para esses santuários?

Oito

RUMO AO ORIENTE

O material lendário sobre Maria Madalena que vem da tradição cristã ocidental é rico o suficiente por si mesmo. A figura da Maria Madalena arrependida, pregadora e contemplativa era muito forte e popular no Cristianismo medieval.

O Cristianismo ocidental, predominantemente moldado pela visão de mundo da Europa ocidental, é entretanto apenas uma parte do retrato cristão. Há um outro, porém, ligado intimamente a um mundo distante dali: o das Igrejas cristãs do Oriente, com raízes na Tradição apostólica e incorporadas na Ortodoxia oriental e nos ritos orientais da Igreja Católica.

Quando falamos da tradição cristã oriental, estamos nos referindo às igrejas nacionais centralizadas no Oriente Médio, na África e no Leste Europeu. Elas remontam suas raízes ao período apostólico e compartilham seiscentos anos de tradição teológica com o Ocidente. Em função das distinções culturais, lingüísticas, espirituais e teológicas, as tradições começam verdadeiramente a divergir depois do século VI, particularmente à medida que o Cristianismo ocidental se expande pela Europa e começa a se adaptar ao cenário e às necessidades das tribos germânicas. Um cisma formal ocorreu em 1054.

As Igrejas Ortodoxas orientais são inteiramente separadas do Catolicismo. Elas vêem o papa como um bispo legítimo, embora não aceitem a interpretação romana do que possa significar a "supremacia" do bispo de Roma.

As igrejas com ritos orientais, muitas vezes confundidas com a Ortodoxa pelos ocidentais, são igrejas que estão em comunhão com Roma e sob a autoridade do papa. São Igrejas Católicas, mas com uma vida externa e interna que lembra mais a Ortodoxa do que, digamos, uma típica paróquia católica latina nos Estados Unidos. Para esses cristãos, Maria Madalena também é uma santa. Mas nesse ponto, da mesma forma que as tradições do Oriente e do Ocidente como um todo, as correntes divergem.

"Portadora-de-Mirra"

Para simplificar, a visão oriental de Maria Madalena, embora marcada por algum material lendário exclusivo, em geral se mantém mais fiel ao que os Evangelhos falam a respeito dela.

O Oriente nunca adotou a fusão das Marias feita por Gregório, o Grande, e a comemoração de Maria Madalena em seu dia de festa tem sido sempre concentrada em seu papel de testemunha do túmulo vazio e na sua declaração: "Ele ressuscitou!"

O título com o qual Maria é celebrada no Cristianismo oriental, embora um tanto desajeitado para os que falam línguas ocidentais, deixa essa associação clara. Ela é chamada a "Portadora-de-Mirra" (é também conhecida como "Igual-aos-Apóstolos", ou *Isapostole*, e pela expressão mencionada anteriormente, "Apóstola dos Apóstolos"). Como a Portadora-de-Mirra, ela também é cultuada na Igreja Ortodoxa no segundo domingo depois da Páscoa (Pascha), o "Domingo das Mulheres Portadoras-de-Mirra", juntamente com outras sete mulheres que são mencionadas nos textos dos Evangelhos como tendo um papel importante na cruz e no sepulcro:

> "Ordenaste às portadoras-de-mirra que se alegrassem, Ó Cristo!
> Por tua ressurreição, realmente interrompeste a lamentação de Eva, Ó Deus!
> Realmente ordenaste a teus apóstolos que pregassem: O Salvador ressuscitou!"
>
> (Kontakion, Domingo das Mulheres Portadoras-de-Mirra)

Duas semanas antes, na própria Pascha, canta-se tradicionalmente um hino em homenagem a Maria Madalena, escrito, estranhamente, por uma mulher.

Kassia, a compositora desse hino, nasceu em Constantinopla no século XIX. Ela se casou e teve filhos, mas finalmente criou e dirigiu um mosteiro naquela cidade. Acredita-se que ela tenha composto mais de cinqüenta hinos, trinta dos quais estão em uso na liturgia ortodoxa ainda hoje. Ela também escreveu poesia secular, e é a autora de inúmeros epigramas vigorosos ("Ame a todos, mas não confie em todos", é um deles).

O seu tropário, ou breve hino de louvor, nos coloca no coração de Maria Madalena enquanto ela chega ao sepulcro:

> "Sentindo a vossa divindade, Senhor,
> uma mulher de muitos pecados
> decide se tornar
> uma Portadora-de-Mirra
> e em profunda lamentação
> vos traz óleo perfumado
> antecipando o vosso funeral; chorando:
> "Que infortúnio o meu! Que noite caiu sobre mim,
> Que loucura sombria e sem lua

> de desejo selvagem, essa ânsia pelo pecado.
> Pegai a minha torrente de lágrimas,
> vós que retirais água das nuvens,
> inclinai-vos para mim, para o lamento do meu coração,
> vós que dobrais os céus
> em vossa encarnação secreta,
> vou lavar vossos imaculados pés com beijos
> e os secarei com os anéis dos meus cabelos;
> esses mesmos pés cujo som Eva escutou
> na penumbra no Paraíso e a fez se esconder aterrorizada.
> Quem vai examinar a imensidão dos meus pecados
> ou a profundidade do vosso julgamento,
> Salvador da minha alma?
> Não ignores a vossa serva,
> vós cuja misericórdia é infinita."

O que fica evidente neste hino é que, apesar da determinação oriental de manter a diferenciação entre as mulheres, a atração exercida pelo simbolismo da unção é muito grande. Os "demônios" que Lucas e Marcos descrevem são caracterizados como "pecados", o que remete à mulher arrependida em Lucas 7, exatamente como se fez na tradição ocidental.

A própria festa de Maria Madalena é celebrada na maioria das igrejas cristãs orientais na mesma data do Ocidente, em 22 de julho — embora em diversas regiões do Oriente o seu dia de festa seja 30 de junho ou 4 de agosto. (A propósito, Maria de Betânia é lembrada em 4 de junho.) Além disso, o Oriente lembra tradicionalmente de Maria Madalena em mais outra data: a ocasião do traslado de suas relíquias de Éfeso para Constantinopla, durante o reinado do Imperador Leão VI, em 4 de maio.

As preces para a comemoração de 22 de julho — da liturgia, das Vésperas e Matinas — deixam evidente o grau de reverência que o Oriente nutre por Maria Madalena:

"Quando Cristo apareceu, a senhora seguiu seus passos, louvada santa Portadora-de-Mirra, e o serviu ardentemente com a mais elevada intenção; não o abandonou na morte, mas foi até ele e com compaixão levou-lhe suaves especiarias com suas lágrimas. Por isso conservamos a festa em sua santa memória." (Vésperas)

"Maria Madalena, tendo servido como discípula fiel a Cristo ou Deus, que em sua extraordinária compaixão quis fazer a si mesmo pobre com a minha pobreza, quando o viu estendido na cruz e fechado num túmulo, chorando gritou: 'Que estranha visão é esta? Como ele que dá vida aos mortos acha-se entre os mortos? Que suaves especiarias posso eu trazer para aquele que me livrou do cheiro fétido dos demônios? Que lágrimas posso eu verter por aquele que despiu minha ancestral de suas lágrimas?' Mas o Salvador do universo, aparecendo como o guardião do Paraíso, com o refrigério de suas palavras extinguiu o ardor e lhe disse: 'Vá até os meus irmãos e proclame as boas novas: estou subindo para o meu Pai e seu Pai, e meu Deus e seu Deus, para que eu possa conceder ao mundo minha grande misericórdia'." (Vésperas)

As preces para as Matinas refletem a ligação há muito percebida entre Eva e Maria Madalena:

"A ancestral, vendo aquele que a tinha enganado com palavras e provocado seu exílio do Paraíso de tempos antigos espezinhado por mulheres santas que ganharam um alento de coragem, alegrou-se com elas eternamente.

> "Magoada pela saudade do seu doce amor, a senhora leva suaves especiarias para aquele que sopra vida em tudo, agora assassinado e jazendo num sepulcro, sagrada Maria Madalena, e despeja em profusão o cheiro perfumado das lágrimas.
>
> "Depois da divina Paixão, depois da assustadora Ressurreição do Salvador, a senhora correu para lá e para cá, proclamando a palavra santa, e como uma Discípula da Palavra arrebanhando muitos que tinham sido enganados pela ignorância, gloriosa Santa." (Matinas)

Depois da Ascensão, os apóstolos se dispersaram a fim de cumprir a ordem de Jesus para partir, pregar e batizar por todas as nações. Supôs-se que Maria Madalena, como observamos, também obedeceu, levando o Evangelho ao sul da França, de acordo com o Ocidente. O Oriente do mesmo modo comemora os esforços de evangelização de Maria, mas conta uma história diferente com relação ao lugar para onde ela foi em nome de Cristo.

Para Éfeso

Roma e Éfeso são dois lugares em que as tradições orientais situam Maria Madalena. A suposta presença dela em Roma tem realmente destacado um dos mais duradouros símbolos associados a ela, paralelamente ao seu vaso de ungüento: o ovo vermelho.

A história segue contando que Maria foi a Roma para pregar o Evangelho, e enquanto estava lá ela se encontrou com o Imperador Tibério. Por alguma razão — talvez porque, como reza a tradição, o encontro foi durante um jantar —, Maria estava segurando um ovo na mão, e enquanto fazia isso declarava ao imperador: "Cristo ressuscitou!" Isso era consistente com seu papel de testemunha do Cristo Ressurreto. Tibério riu, e disse que um homem poderia ressuscitar de entre os mortos tão facilmente quanto o ovo na mão dela poderia ficar vermelho. O que, evidentemente, aconteceu no mesmo instante. Nas igrejas ortodoxas, mantém-se a tradição de compartilhar ovos na Pascha, e algumas culturas do Leste Europeu e da Rússia são famosas pelos ovos elaboradamente decorados para essa ocasião.

Mas Mary ainda não tinha acabado seu trabalho com o imperador. À medida que continuava a narrar a história de Jesus para ele, ela o informou que tinha sido Pôncio Pilatos, o governador da Judéia, o responsável pela execução daquele que tinha ressuscitado, induzindo, quando a história acabou, o imperador a mandar Pilatos para a Gália, efetivamente em exílio, onde ele morreu. Muitas tradições realmente situam Pilatos na Europa na ocasião da sua morte, e algumas afirmam que ele cometeu suicídio. A Igreja Ortodoxa oriental reconhece a esposa dele, Prócula, que tentou dissuadi-lo de dar a permissão para a execução de Jesus, como santa.

Algumas tradições orientais sustentam que Maria ficou em Roma até a chegada de Paulo, e interpretam que a Maria elogiada por Paulo em Romanos 16:6, como aquela "que trabalhou muito por nós", é Maria Madalena.

O Cristianismo oriental situa sempre Maria Madalena em Éfeso, uma cidade na costa ocidental da Turquia, no fim da sua vida. Hoje só existem as ruínas da cidade, mas são ruínas extensas e bem preservadas que formam um local de peregrinação e turismo muito procurado. Diz-se que Maria estava na cidade em companhia de João, o Evangelista, e algumas correntes da tradição dizem que, além de evangelizar a região, ela o ajudou a escrever o seu Evangelho lá. Modesto, um patriarca de Jerusalém do século VII, observou o seguinte:

> "Depois da morte de Nosso Senhor, a Mãe de Deus e Maria Madalena juntaram-se a João, o discípulo amado, em Éfeso. Foi lá que a Portadora-de-Mirra encerrou a sua carreira apostólica com seu martírio, não querendo no final ficar separada do apóstolo João e da Virgem." (Citado em Haskins, p. 104)

Quando Maria Madalena morreu, ela foi enterrada na entrada de uma caverna que acabou por ser conhecida como a Caverna dos Sete Adormecidos — uma gruta em que sete rapazes cristãos foram enterrados vivos durante o reinado do Imperador Décio no século III. Duzentos anos depois, diz-se, a caverna foi aberta e descobriu-se que os sete jovens tinham estado apenas adormecidos. O corpo de Maria ficou lá até o século IX, quando o Imperador Leão, o Sábio, ordenou que fosse removido para Constantinopla, para um mosteiro chamado São Lázaro.

Nesse ponto, a história de suas relíquias — para o Cristianismo, a vida de um santo nunca acaba com sua morte física, já que a história de seus corpos se torna uma forma de contar a história cristã maior — coincide com partes da tradição ocidental. Algumas tradições orientais dizem que realmente as suas relíquias foram levadas para São João Latrão, em Roma, em meio às Cruzadas. Um dos muitos mosteiros no monte Atos, na Grécia, Simonas Petras, alega ter uma das mãos de Maria Madalena, que, como declaram alguns peregrinos até hoje, é quente ao toque.

"Igual-aos-Apóstolos"

Maria Madalena pode ser homenageada no Cristianismo oriental com o título acima, mas ela não é a única mulher que a Igreja Ortodoxa homenageia desse modo. Diversas regiões do mundo ortodoxo honram algumas outras mulheres como *Isapostole*: Fotini, o nome dado à mulher samaritana com quem Jesus se encontra em

João 4, a qual parte para evangelizar o seu próprio povo; Afia, a mulher de Filemon (o dono do escravo Onésimo), a quem Paulo escreveu uma de suas cartas; Mariana, supostamente irmã de Filipe e Bartolomeu; Tecla, cuja vida é descrita em uma obra apócrifa ligando-a a Paulo; Nino, que evangelizou o povo da Geórgia, no século IV; Helena, a mãe do Imperador Constantino; e Olga, uma rainha russa do século X, a quem se atribui a preparação do solo russo para a conversão ao Cristianismo por meio do seu próprio testemunho.

Todas essas mulheres — e alguns homens — são consideradas pelos cristãos orientais como "Iguais-aos-Apóstolos". Mas Maria Madalena é reverenciada com relevância entre eles por sua evangelização, enraizada em sua gratidão a Jesus, seu profundo amor por ele e sua profunda experiência do Senhor Ressurreto, que a levou a proclamar as Boas Novas de que Cristo ressuscitou.

Foi o Papa João Paulo II que mostrou a necessidade do mundo cristão respirar "com os dois pulmões" — isto é, viver a fé e cultuar o Senhor com a apreciação das suscetibilidades tanto do Cristianismo oriental quanto do ocidental. Na ênfase oriental sobre Maria Madalena como testemunha do sepulcro vazio e como "Igual-aos-Apóstolos", já que ela pregou as Boas Novas, vemos a verdade dessa observação: enquanto, por vezes, o Cristianismo ocidental se não esqueceu pelo menos retirou a ênfase desse entendimento fundamental de Maria Madalena enraizado nas escrituras, o Oriente, apesar de seus acréscimos lendários, preservou-o em larga escala intacto, e o manteve como o foco de sua devoção a ela, "Portadora-de-Mirra" e "Igual-aos-Apóstolos".

Questões para Reflexão

1. Quais são algumas das lendas relacionadas a Maria Madalena que vieram do Oriente?
2. O que o toca mais significativamente com relação à devoção oriental a Maria Madalena?

Nove

A ARREPENDIDA

Os santos são figuras dinâmicas na tradição cristã. A sua popularidade cresce e diminui, dependendo das necessidades de cada período. Os santos mais populares, cujas vidas são particularmente ricas e evocativas, acabam despertando a devoção de muitas pessoas por motivos diferentes.

São Francisco de Assis é um bom exemplo. O frei do século XIII é venerado por aqueles que gostam de animais, pelos regeneradores da Igreja, defensores da piedade tradicional, pacifistas, os que cuidam dos pobres e, até mesmo, jardineiros. Debaixo de todas as camadas de devoção e interpretação, acha-se um homem inflamado com o amor de Cristo, completamente aberto à vontade de Deus, um aspecto que todos os defensores da orientação programada tendem a ignorar.

Maria Madalena, como já vimos, encaixa-se nesse paradigma. As imensas lacunas no nosso conhecimento sobre ela se prestam ao surgimento de mitos e lendas. Além disso, os temas da sua vida ecoaram nos cristãos em diversos planos, em diferentes períodos e culturas. Na Alta Idade Média e durante o período Barroco — por volta do século XIV ao XVIII — a imagem de Maria Madalena que dominou o pensamento cristão no Ocidente foi a da pecadora arrependida.

Pecado e Arrependimento

Como vimos, Maria Madalena nunca é explicitamente identificada como uma "pecadora" nos Evangelhos. A ligação foi feita nos primeiros séculos do Cristianismo, em grande parte por causa da confusão sobre o que poderia significar a expressão "sete demônios" e a associação nada surpreendente da sua condição de possuída com aquela da "mulher pecadora" mencionada em Lucas 7, poucos versículos antes de sermos apresentados nominalmente a Maria Madalena. Enquanto as lendas medievais que enfatizam o seu papel na evangelização do sul da França continuavam a ser populares no correr da Idade Média, a imagem que realmente se fixou na mente do povo foi, na verdade, aquela de Maria Madalena como pecadora, agora uma mulher arrependida.

Por quê?

Alguns escritores contemporâneos querem nos fazer acreditar que tudo isso gira em torno da repressão das mulheres, que se tratou de demonizar Maria Madalena a fim de minimizar a sua contribuição ao Cristianismo como "Apóstola dos Apóstolos", e talvez mesmo para esconder alguma antiga lembrança do seu papel de liderança no Cristianismo primitivo.

Essa visão pode ser intrigantemente conspiracional, mas felizmente (ou infelizmente, dependendo do ponto de vista) não tem nenhuma base real na história. Como até mesmo a nossa rápida pesquisa deve evidenciar, as fontes do pensamento cristão sobre Maria Madalena ao longo do primeiro milênio não são perfeitamente lineares, e elas não brotam de alguma espécie de Controle Central, ao apontar a imagem que deve prevalecer, deixando as mulheres mais orgulhosas.

Para sermos corretos, a imagem de Maria Madalena não está fora de um contexto — o que é na verdade a nossa maior questão aqui — e reflete, realmente, normas culturais e expectativas sobre as mulheres, o pecado e a sexualidade. Mas, como sempre, o contexto é tudo. Da mesma forma é correto examinar a imagem da Maria Madalena arrependida por aquilo que ela nos conta sobre as expectativas medievais em relação às mulheres e à sexualidade, mas o que se ignora antes de tudo nessas discussões é o fato de que ela não era apresentada como um exemplo só para as mulheres, mas para todas as pessoas.

> "Por intermédio do seu exemplo, ela se torna um ensinamento para nós. Ela nos ensina o que os pecadores devem fazer. Ela não se desespera, não supõe, não nega os seus pecados, não os ignora, mas em vez de lágrimas e lamentos amargos, ao ter se livrado de toda a vergonha humana, ela procura pelo perdão." (Eudes de Cateauroux, citado em Jansen, p. 231)

Além disso, embora Maria Madalena possa ter sido o mais poderoso símbolo do arrependimento em sua época, ela não era o único. O apóstolo Pedro, evidentemente, foi lembrado da mesma forma — sem o aspecto sexual, é claro. Mas há, por exemplo, inúmeras representações artísticas de Maria Madalena como pecadora arrependida que constituíam um dos elementos de um par, sendo o outro elemento Pedro, pesaroso por sua negação de Jesus. Aqueles que gostam de atribuir a popularidade de Maria como pecadora a um desejo profundo dos líderes da Igreja patriarcal de rebaixá-la, à sua liderança e a todas as mulheres, deve considerar a ênfase colocada sobre o pecado de Pedro, que era, evidentemente, muito mais grave e especificamente mencionado nas Escrituras. Essa ênfase sobre Pedro é um reflexo de um desejo de diminuí-lo ou a seu papel na história da Igreja? Nessa época — fim da Idade Média e começo da Renascença, quando o papado estava no auge do seu poder —, isso parece altamente improvável.

Por que qualquer ângulo em particular sobre a história cristã fica em destaque em determinada época não é uma questão que se possa sempre responder com absoluta certeza, e nunca completamente. O ponto de vista mundial cristão na Idade Média enfatiza o arrependimento e a possibilidade de redenção. A Europa nessa ocasião estava devastada pela peste, uma tragédia que se estima ter matado um terço da população européia, e era crença generalizada que tinha sido um castigo enviado por Deus. Como as economias européias progrediam, a riqueza maior leva à maior dissipação. As pessoas da Idade Média certamente não nutriam ilusões idealizadas em relação à humanidade, mas a corrupção disseminada em instituições da Igreja, mais notável ainda nos anos que levaram à Reforma, deixou suas marcas, ressaltando a constância do pecado humano.

Além disso, as práticas religiosas tendo em vista o arrependimento continuavam a se desenvolver em formas que causavam um impacto profundo nos cristãos comuns.

No começo do Cristianismo, o batismo era um ritual geralmente para adultos que tinham de passar por uma preparação intensiva chamada catecumenato. Os pecados que fossem cometidos depois do batismo eram considerados muito graves, e levavam ao que poderíamos ver como uma penitência severa — a confissão do pecado de alguém, feita normalmente a um bispo local, poderia acarretar a excomunhão de fato, por um período de meses ou até de anos, dependendo da transgressão. Esse era o formato do que chamamos o Sacramento da Reconciliação nos primeiros anos do Cristianismo.

No começo da Idade Média — séculos VI e VII —, o batismo de bebês tornou-se mais e mais comum, e acabou ficando como norma em algumas áreas. Nesse contexto, a penitência assumiu um aspecto diferente na vida das pessoas. Não era mais um ritual para confessar as mais graves violações da vida cristã no contexto de um batismo que havia sido escolhido livremente, depois de uma intensa preparação já na idade adulta. Tornou-se um meio para os cristãos, batizados ainda crianças, se reconciliarem com Deus e a Igreja, em grandes e pequenas questões.

Essa forma de praticar o sacramento foi institucionalizada e normatizada no começo da Idade Média, culminando com o Quarto Concílio de Latrão em 1215, que, em seu Cânone 21, tornou anual a confissão dos pecados feita a um padre mandatário.

Foi nesse ambiente que a imagem da Madalena arrependida tomou a imaginação popular: uma cultura altamente consciente do pecado, da mortalidade e das conseqüências eternas — e uma Igreja que estava dando ênfase renovada e vigorosa ao Sacramento da Reconciliação. Ela funcionava como um modelo para o arrependimento e os frutos trazidos por esse arrependimento.

> "Maria feliz,
> Esperança de perdão,
> Modelo de arrependimento,
> Espelho de conversão
> Que agradou o Senhor por nós."
>
> (Hino do século XV, de Marselha, citado em Jansen, p. 233)

Uma Inspiração para os Arrependidos

Um dos modos mais vívidos de enxergarmos a inspiração exercida por Maria Madalena aos arrependidos medievais é por meio da sua conversão em padroeira de sociedades penitenciais.

As formas de cumprir penitência eram muitas vezes públicas e podiam ser extremadas. Isso nos leva de volta à Igreja primitiva, quando os penitentes eram algumas vezes instruídos, por exemplo, a se vestir com sacos e cobrir-se de cinzas e se sentar do lado de fora da igreja, na qual eles eram proibidos de entrar.

Na época dramática e de extremos da Igreja medieval, numa cultura em que a violência era o modo normal de resolver um problema, a austeridade física e mesmo meios dolorosos de reparação dos pecados não eram incomuns — não que esse tipo de penitência fosse dado às pessoas leigas pelos padres a quem elas se confessavam. Eram, entretanto, usados nas ordens religiosas e adotados pela laicato, que até mesmo se organizava em grupos em nome do arrependimento. Na esteira da Peste Negra, esses grupos se destacaram ainda mais, já que o sentimento crescente era da necessidade de se tomar uma ação radical e comunal a fim de manter a mão de Deus longe de infligir mais castigos.

Esses grupos, chamados *disciplinati*, ou mais popularmente, "flagelantes", realmente se empenhavam numa autoflagelação pública, de uma forma altamente ritualizada, e em geral mal eram tolerados ou eram mesmo desencorajados pelos bispos locais. Muitos deles adotaram Maria Madalena como sua santa padroeira, estampando a sua imagem em seus estandartes. Eles se reuniam para liturgias especiais nas festas da Virgem Santíssima, dos apóstolos e de Maria Madalena. Um estandarte impressionante de um dos grupos retratava a figura de uma Maria Madalena elevada, segurando o seu vaso de ungüento e um crucifixo, rodeada de anjos e, aos seus pés, quatro penitentes pequenos, ajoelhados e cobertos com uma mortalha, cujas roupas eram abertas nas costas, mostrando suas feridas (Jansen, pp. 227–228).

Uma outra maneira de incentivar o arrependimento entre os cristãos medievais, institucionalmente muito mais respeitável, era por intermédio das ordens mendicantes. Os franciscanos e os dominicanos, estabelecidos no século XIII, eram ordens regeneradoras que enfatizavam, entre outras atividades, o atendimento aos pobres e a pregação, a necessidade e os frutos do arrependimento.

Os dominicanos adotaram Maria Madalena como sua padroeira no final do século XIII — mas, na realidade, ela foi adotada *para eles* por iniciativa de Carlos II, rei de Nápoles e conde da Provença. A história de como isso aconteceu nos leva de volta ao nosso conhecido caminho para Saint-Maximin.

Depois de redescobertas e autenticadas as relíquias de Maria Madalena em Saint-Maximin, alguém tinha de ser encarregado de tomar conta do santuário. Carlos, talvez inspirado pela recente inovação de criar ordens de penitentes, usualmente prostitutas — algumas sob os auspícios dos dominicanos —, determinou que seria a Ordem de São Domingos que deveria se encarregar do santuário. Incentivada pelo papa, a ordem foi para o santuário em 1295. Em 1297, a festa dela foi, pela primeira vez, celebrada pela ordem, e seu padroado estava seguro.

Os dominicanos se mantiveram no santuário durante quinhentos anos, até a Revolução Francesa, e cinqüenta anos depois foi um outro dominicano, Jean-Baptiste Henri Lacordaire, que supervisionou o aproveitamento e reconstrução de Saint-Maximin. Maria Madalena aparece muitas vezes na companhia de São Domingos na arte religiosa desde esse período, destacando a sua importância como a padroeira penitente da ordem que fora criada para pregar a regeneração e o arrependimento. Como escreveu um estudioso dominicano: "O corpo de Madalena é protegido pelos Pregadores; a Ordem dos Pregadores é protegida por Madalena" ("Mary Magdalene: The Apostle of the Apostles e a Ordem dos Pregadores", de Guy Bedouelle, O.P., *Dominican Ashram,* Vol. 18, Nº 4, 1999, pp. 157–171).

Em seu livro *The Making of the Magdalen,* Katherine Ludwig Jansen examina detalhadamente o importante papel desempenhado pela santa na pregação das ordens mendicantes. Os franciscanos e os dominicanos, mesmo com suas normas aprovadas, muitas vezes trabalhavam sob suspeição por parte do clérigo local. Maria Madalena, uma mulher pregadora, também de certa forma marginalizada, era um modelo para eles, como fora ela em sua lendária rejeição à sua riqueza e em seu misto de vida ativa e contemplativa.

Madalenas

Uma das ligações mais diretas entre Maria Madalena e o arrependimento foi feita, na Idade Média e mais tarde, pela fundação de estabelecimentos para acolher prostitutas, tendo ela como padroeira. Um dos mais bem-sucedidos era o das Irmãs Penitentes da Abençoada Maria Madalena, criado por Rudolph of Worms, na Alemanha, no século XIII.

A história conta que Rudolph estava a caminho de uma missão de pregação quando se encontrou com um grupo de prostitutas que lhe pediram ajuda. Aquelas para quem ele não conseguiu arranjar marido (realmente, naquele período, um recurso imediato muito comum para se tentar ajudar as prostitutas), ele levou para conventos. A ordem recebeu a sanção papal e foi colocada sob as normas (ou modo de vida) de Santo Agostinho, e se espalhou rapidamente. Mais do que uma ordem religiosa plenamente desenvolvida como imaginamos que seria, tratava-se quase de uma casa em que as mulheres que desejassem escapar da prostituição poderiam recuperar suas vidas.

> A prostituição era tolerada legal e socialmente na maior parte da Europa no período medieval. Algumas municipalidades tinham organizado bordéis legais, e muitas delas regulavam as locações onde a prostituição poderia ser praticada e que roupas as prostitutas poderiam usar. No século XV, em uma região da França, como parte de uma feira, as prostitutas disputavam uma corrida a pé que era realizada em 22 de julho (Haskins, p. 168).

Esse grupo, popularmente chamado de "Senhoras Brancas", espalhou-se rapidamente, e foi seguido pelo estabelecimento de grupos e casas similares, também tendo a Santa Maria Madalena como padroeira, por toda a Europa. A inspiração não cessou com a Idade Média. As instituições para prostitutas e outras mulheres que se encontrassem em situação difícil continuaram a ser criadas até o século XIX.

Em 1618, Padre Atanásio Molé, um capuchinho, fundou, na França, a ordem de Santa Maria Madalena que era dividida em três partes: as Madalenas, que faziam votos solenes; as Irmãs de Santa Marta, que faziam votos simples, e portanto tinham um relacionamento mais flexível com a comunidade; e finalmente as Irmãs de Santo Lázaro, que eram, nas palavras da *Catholic Encyclopedia*, "pecadoras públicas confinadas contra a vontade". A ordem não existe mais.

> Os cristãos criaram meios de ajudar muitos necessitados além das prostitutas sob o padroado de Santa Maria Madalena. Durante a Idade Média, sessenta e três hospitais eram dedicados a ela somente na Inglaterra, juntamente com muitos outros na França e na Itália. A associação de Maria Madalena com esses trabalhos concretos de misericórdia encontra as suas raízes mais profundas no papel daquela que se encarregou de cuidar do corpo de Jesus. Muitos hospitais para leprosos funcionavam tendo Maria Madalena como padroeira, talvez por causa da confusão do seu suposto irmão Lázaro com um mendigo leproso que tinha esse nome em uma das parábolas de Jesus (Lucas 16:20; Jansen, pp. 111–113).

Santa Maria Eufrásia Pelletier fundou uma outra ordem francesa apoiada em Maria Madalena no século XIX. Algumas das instituições mais notórias e conhecidas em sua categoria são, é claro, os "Magdalene asylums" irlandeses.

O movimento Madalena de ajuda a moças e mulheres ganhou vida nova no século XIX, já que a industrialização e a urbanização provocaram a demissão de um grande número de mulheres, que se tornaram prostitutas ou caíram na indigência. Na Irlanda, o trabalho de providenciar abrigo para essas mulheres foi assumido pela Igreja, mais destacadamente pelas Irmãs de Misericórdia. Nos primeiros tempos, as instituições Madalena eram relativamente abertas, orientadas para a lavanderia como primeira atividade, e as mulheres se movimentavam dentro e fora das casas conforme a necessidade. Entretanto, com o passar do tempo, essas instituições se tornaram mais semelhantes a prisões, em condições que se tornaram abusivas. O estado terrível de algumas dessas casas foi exposto na Irlanda nos anos 1970, em um filme chamado *The Magdalene Sisters*. As Irmãs de Misericórdia apresentaram, em 1996, desculpas formais pelos maus-tratos ministrados historicamente pela ordem às residentes em seus asilos Madalena.

Perdão e Esperança

Longo é o caminho percorrido desde o momento pleno de graça relatado em Lucas, entre Jesus e a mulher arrependida, até o abuso escabroso dos asilos Madalena. Como é o que ocorre muitas vezes com a imagem religiosa, a figura da Madalena arrependida, que deveria ser um símbolo de esperança, tornou-se uma feitora, pelo menos nominalmente, da desesperança. É um aviso para nos mantermos sempre vigilantes, para que a luz que brilha tão claramente no Evangelho — nesse caso, a luz da graça do perdão e do amor de Deus — não seja engolida pelas estruturas sociais do nosso tempo, para que nossas ações não construam um obstáculo em vez de ser um caminho para Deus.

Questões para Reflexão

1. Por que os cristãos da Idade Média estavam tão conscientes da necessidade do arrependimento em suas vidas?
2. Como Maria Madalena transmitiu esperança às pessoas na Idade Média?

Dez

MARIA E OS MÍSTICOS

O núcleo da fé cristã é a prece, e por toda a nossa história Maria Madalena tem sido encontrada muitas vezes nesse núcleo, indicando o caminho para Cristo. Como para qualquer santo, os cristãos têm olhado para ela como um modelo e têm rezado por sua intercessão.

Neste capítulo, examinaremos algumas figuras importantes da tradição espiritual cristã, em sua maioria mulheres, e como elas foram inspiradas e alimentadas pelo exemplo de Maria Madalena. Algumas descobriram paralelos entre a sua vida e a dela. Outras acharam força em sua identidade como pecadora arrependida, ou no modelo de contemplação solitária oferecido pelas lendas que conhecem. A vida de todas essas pessoas devotas nos ajuda a ver o tremendo poder positivo que a figura de Maria Madalena exerceu sobre a vida de tantos cristãos.

Como uma Irmã

Margery Kempe é uma das figuras mais intensas que emergem do período medieval, em parte porque ela deixou extensos textos autobiográficos (ditados a um padre), mas também porque as suas experiências são a tal ponto extremadas que ela poderia ser diagnosticada como doente mental nos dias de hoje.

Ela era inglesa, nascida no final do século XIII, casada e mãe de quatorze filhos. Margery afinal conseguiu convencer o marido a viver com ela como se fosse um irmão, e daí em diante partiu em diversas peregrinações — à Terra Santa, Roma, Santiago de Compostela, Noruega e Alemanha. O seu *Book of Margery Kempe* é um registro inestimável desse período em geral, e da sensibilidade para a vida religiosa em particular.

O *Book* registra experiências visionárias, a maioria das quais envolve Margery, que se refere a si mesma como "dita criatura", em meio de uma cena bíblica, observando e relacionando-se com os outros participantes, muitas vezes chorando copiosamente. As suas visões refletem o conhecimento de algumas peças religiosas medievais que giravam em torno de Maria Madalena, assim como o de uma obra chamada *Meditations on the Life of Christ*, um texto devocional muito popular que se acreditava da autoria de São Bonaventure, mas agora imputada a uma figura conhecida como "Pseudo-Bonaventure".

Margery une-se a Maria Madalena e às outras junto à cruz. Ela lamenta com as companheiras. Durante dez anos, em todas as Sextas-Feiras Santas, ela chora por cinco ou seis horas. Depois da Ressurreição, ela substitui Maria Madalena e conversa com Cristo, assegurando-se de que, se Maria Madalena pôde ser perdoada por seus pecados, o mesmo acontece com ela. Ao lado da Virgem, ela expressa seu sofrimento pela iminente partida física de Jesus, e é consolada por ele.

Margery, então, extrai a sua força de Maria Madalena, como um modelo de pecadora que amou Cristo e foi devotada a ele. A imagem que ela oferece, de si mesma se lamentando sobre o Cristo morto, beijando os seus pés e acariciando o seu corpo, evoca a escrita e a pintura do período, em que Maria Madalena está desempenhando o mesmo papel:

> [Jesus para Margery Kempe:] "Também, filha, eu sei ... como você invoca Maria Madalena em sua alma para me dar as boas-vindas, filha, sei bastante bem o que você está pensando. Você acha que ela é a mais valiosa, em sua alma, e confia mais nas preces dela junto à minha mãe, e na verdade você também tem permissão, filha, porque ela é uma grande mediadora entre mim e você na beatitude dos céus." (*Book of Margery Kempe*, capítulo 86, em *Medieval Writings on Female Spirituality*, organizado por Elizabeth Spearing [Penguin Books, 2002], p. 251)

A Segunda Maria Madalena

Uma consolação semelhante é encontrada por Santa Margarida Cortona 1247–1297), que é chamada de a "Segunda Maria Madalena". Ela nasceu na Toscana, e quando ainda jovem se tornou amante de um nobre, deu-lhe um filho, e viveu com ele nove anos. O homem foi assassinado, e então Margarida pegou seu filho e partiu, primeiro para a casa da sua família, onde foi rejeitada, e então para um convento franciscano. Sua vida subseqüente como terceira franciscana foi marcada por contínuas lutas com as tentações da carne (ela é a santa padroeira das lutas contra essas tentações), pelo arrependimento e atendimento aos pobres.

Obviamente, a sua vida anterior levou-a a se identificar com a memória popular de Santa Maria Madalena, pecadora arrependida — e como Margery Kempe, Margarida encontrou alívio na vida penitente de Maria. O relato a seguir é de um de seus primeiros biógrafos:

> "Pouco antes da sua morte, ela teve uma visão de Santa Maria Madalena, 'a mais fiel entre os apóstolos de Cristo, vestida com um manto que parecia de prata e com uma coroa de pedras preciosas, rodeada por anjos sagrados'. E, enquanto ela estava em êxtase, Cristo falou a Margarida, dizendo: 'O meu Pai Eterno disse de mim ao Batista: Este é o Meu Filho amado; e assim eu vos digo de Madalena: Esta é a minha filha amada'. Em outra ocasião nos contaram que ela fora levada em espírito aos pés de Cristo, cujos pés ela lavou com suas lágrimas como fez Madalena em tempos antigos; e enquanto ela secava Seus pés desejou ardentemente contemplar a Sua face, e rogou ao Senhor que lhe concedesse esse favor'. E no final vimos que ela estava igual; e ainda assim diferente." (*Saints for Sinners*, de Alban Goodier, S.J. [Ignatius Press, 1993], p. 46)

Banhada em Sangue

Santa Catarina de Siena é uma das mulheres mais fascinantes do período medieval e, considerando as que concorrem com ela, isso é um elogio e tanto.

Nascida em 1347, a mais nova de vinte e cinco filhos, Catarina era intensamente devota, mas não tinha interesse em tomar o caminho usual para as jovens como ela, que teria sido juntar-se a uma comunidade religiosa. Ela se associou aos dominicanos — cuja padroeira era, lembre-se, Maria Madalena — como terciária, mas trabalhava com um surpreendente grau de independência para uma mulher do seu tempo. Hoje ela é lembrada por suas cartas, seus textos espirituais (ditados ao seu confessor, Abençoado Raimundo de Cápua) e sua determinação em desempenhar um papel na reforma do papado, naquela ocasião em exílio em Avignon, na França, e corrompido pelo luxo.

Catarina via Maria Madalena como uma segunda mãe, tendo se dedicado a ela de um modo especial ao enfrentar a morte da sua irmã, Bonaventura, durante um parto, um incidente que parece ter sido um importante motivador da sua vida espiritual. Quando Bonaventura morreu, Catarina se viu aos pés de Cristo, com Maria Madalena, suplicando por misericórdia. O biógrafo dela observou que Catarina "fazia tudo que podia para imitá-la a fim de conseguir o perdão" (citado em Haskins, p. 179). Abençoado Raimundo resume a devoção de Catarina na seguinte passagem:

> "'Minha mais doce filha, para o seu maior consolo eu lhe dou Maria Madalena como mãe. Volte-se para ela com a mais absoluta confiança; eu entrego você ao seu cuidado muito especial.' A virgem reconhecidamente aceitou essa oferta ... Desde aquele momento a virgem se sentiu totalmente ligada a Madalena e sempre se referiu a ela como mãe." (Citado em Jansen, p. 303)

Em termos de espiritualidade pessoal, Catarina olhava para Maria Madalena como um modelo de arrependimento e de lealdade, nunca abandonando Jesus na cruz. Nem ela, estava decidida, jamais faria isso e lealmente perseveraria em fidelidade, apesar dos extraordinários riscos que corria por estar confrontando a mais poderosa figura daquele momento — o papa — pondo em evidência os próprios pecados dele.

[Catarina de Siena sobre Maria Madalena, a "discípula amada":] "Devastada pelo amor, ela corre e abraça a cruz. Não há dúvida de que, para ver seu mestre, ela ficou banhada em sangue." (Citado em Haskins, p. 188)

Santa Teresa d'Ávila

O século XVI foi um período de conflito e reforma para a Igreja Católica. No começo do século, havia apenas uma Igreja Cristã no Ocidente, mas no final havia um grande número de diferentes igrejas e movimentos emanando da Reforma Protestante.

A Igreja Católica, confrontada com as conseqüências, em parte, da sua própria fraqueza e corrupção, respondeu à Reforma com sua purificação interna, comumente chamada Contra-Reforma, ou a Reforma Católica. O Concílio de Trento, reunindo-se durante muitos anos em meados do século, padronizou a prece e os textos litúrgicos, tornou obrigatório que a preparação para padre fosse feita em seminários e confiantemente restabeleceu o ensino católico tradicional sobre fundamentos, Escrituras, Tradição e a vida da Igreja.

A mudança, porém, não partiu só de cima. Quando um espírito de reforma está circulando no Catolicismo, inevitavelmente surgem grupos para enfrentar o desafio e assumir o trabalho. Aconteceu, por exemplo, no século XIII com o surgimento das ordens mendicantes. Alguns argumentam que isto está acontecendo hoje com a crescente popularidade de grupos como Comunhão e Libertação, Opus Dei e o Novo Caminho da Catequese.

O século XVI não foi diferente. Foi o período em que os jesuítas se estabeleceram, evangelizando com empenho e direcionamento, sob a supervisão direta do papa. Foi também a época que assistiu a reforma de muitas ordens religiosas. Um dos mais importantes líderes nessa atividade foi Santa Teresa d'Ávila, que trabalhou incansavelmente para reformar as carmelitas na Espanha.

Não que ela tenha começado como uma reformadora. Teresa entrou para a vida religiosa muito cedo, mas não procurava a santidade com muito empenho. Muitos conventos nesse período tinham se tornado essencialmente grupos de mulheres que tinham posses morando juntas, levando apenas nominalmente uma vida religiosa.

Teresa viveu dessa forma até os quarenta anos, quando a doença induziu uma mudança em seu coração. No despertar da conversão, Teresa foi inspirada a reformar as casas existentes da sua ordem e criar novas que pudessem ser a expressão do caminho do sacrifício para a santidade. Teresa era também uma grande mística e ensinava a rezar. Suas obras — inclusive sua *Vida*, o *Way of Perfection* e *O Castelo Interior* — ainda são amplamente lidos hoje em dia.

Nessas obras, vemos a influência de Maria Madalena sobre Teresa, basicamente, como ela tinha sido para as outras mulheres que examinamos anteriormente, um modelo de fidelidade e de arrependimento:

> "Eu tinha uma grande devoção à gloriosa Madalena, e com muita freqüência costumava pensar em sua conversão — especialmente quando ia comungar. Como tinha certeza de que o nosso Senhor estava então dentro de mim, eu me colocava a Seus pés, pensando em que as minhas lágrimas não deveriam ser desperdiçadas. Eu não sabia o que estava dizendo; somente Ele fez grandes coisas por mim; naquilo que lhe comprazia eu devia derramar aquelas lágrimas, percebendo que dessa forma eu logo esqueceria aquela impressão. Eu costumava me dirigir àquela gloriosa santa, para que ela pudesse obter o meu perdão." (*Life*, 9:2)

A história dos anos de contemplação de Maria Madalena num lugar deserto e sua associação com a calma e atenta Maria (em contraste com a ativa Marta), sem nenhuma surpresa, também atraiu Teresa:

> "Vamos, então, rezar a Ele para que sempre mostre a Sua misericórdia sobre nós, com espírito submisso, porém confiando na bondade de Deus. E agora que a alma tem permissão de se sentar aos pés de Cristo, vamos deixá-la planejar um modo de não sair do seu lugar, mas de conservá-lo de alguma maneira. Vamos deixá-la seguir o exemplo da Madalena; e quando ela estiver suficientemente forte, Deus a conduzirá ao ermo." (*Life*, 21:9)

Ascetismo, uma parte importante da espiritualidade de Teresa (embora nunca extremado, ela acreditava firmemente), era entendido por ela e outros nesse período como um meio de penitência para os próprios pecados de cada um, como também para os pecados dos outros. Aqui, mais uma vez, Maria Madalena era um modelo:

> "Sem dúvida o corpo sofre muito enquanto está vivo, para qualquer trabalho que ele faça, a alma tem energia para tarefas muito maiores e incita a fazer mais, para que tudo que possa desempenhar pareça como se fosse nada. Esse deve ser o motivo do cumprimento de penitências pesadas por muitos dos santos, especialmente a gloriosa Madalena, que sempre tinha vivido no luxo. Isso causou o ardor sentido por nosso Pai Elias pela glória de Deus, e os desejos de São Domingos e

> São Francisco de atrair almas para louvar o Todo-Poderoso. Eu afirmo a vocês que, esquecidos de si mesmos, eles devem ter passado por provações nem um pouco desprezíveis." (*Interior Castle*, 4:16)

Teresa, como muitas outras mulheres, viu em Maria Madalena um modelo de discípula fiel atravessando dificuldades, uma penitente ideal e uma contemplativa inspiradora.

Conselho Prático

Durante esse mesmo período, um outro tipo de reformador católico estava trabalhando em outra parte da Europa. São Francisco de Sales — um talentoso escritor, pregador e orientador espiritual — era o bispo de Genebra, embora no correr da maior parte da sua carreira, por causa do controle calvinista daquela cidade, ele não pudesse conduzir o seu rebanho abertamente. Ele escreveu, de forma incomum para esse período, especificamente para o laicato, muito consciente dos desafios particulares de se viver no mundo.

A sua obra *Introduction to the Devout Life* é um clássico adorável, prático e encantador, e ainda indispensável. As suas cartas de orientação espiritual, muitas delas escritas a amigos próximos e à reformadora Santa Jane Frances de Chantal, são estruturadas cuidadosamente para responder às necessidades específicas de seus destinatários. Em uma de suas cartas de orientação espiritual, escrita para uma certa Rose Bourgeois — uma abadessa que, como Teresa d'Ávila, estava tentando corrigir a sua vida e a do seu convento obedecendo a um modo mais fiel às exigências do Evangelho —, Francis recorreu à imagem da Madalena contemplativa de um modo adorável:

> "Querida filha, que bom modo de rezar e que excelente meio de ficar na presença de Deus: fazendo o que Ele quer e aceitando o que agrada a Ele! Tenho a impressão de que Maria Madalena era uma estátua em seu nicho quando, sem dizer uma palavra, sem se mover, e talvez sem nem mesmo olhar para Ele, ela se sentou aos pés de nosso Senhor e ouviu o que ele estava dizendo. Quando Ele falava, ela ouvia; quando Ele parava de falar, ela parava de ouvir; mas estava sempre ali."
> (*Letters of Spiritual Direction*, de Francisco de Sales e Jane de Chantal [Paulist Press, 1988], p. 152)

Testemunha Silenciosa

O lugar de Maria Madalena na espiritualidade católica medieval e no começo da moderna era firme e claro. O exemplo dela encorajou os cristãos a olharem seus próprios pecados clara e honestamente, e a se aproximarem do Senhor em busca de perdão. A sua fidelidade a Jesus, uma parte importante das narrativas da Paixão nos Evangelhos, era uma expressão de fidelidade que estava ao alcance deles. A identidade dela como contemplativa, alimentada pela lenda do período que teria passado em um lugar ermo, tanto quanto a sua identificação com Maria, irmã de Marta, forneceu um modelo para as mulheres que ansiavam por seguir uma vida voltada profundamente para as preces, devotada particularmente a Cristo.

Mas também podemos ver o que foi perdido. No entusiasmo em torno da penitência, a atração exercida pelo material lendário, perdemos de vista o papel de Maria Madalena como "Apóstola dos Apóstolos". O Oriente sem dúvida conservou esse aspecto da sua identidade, tão firmemente atestado nos Evangelhos, tão rico em possibilidades, e tão vivo. Mas, no espírito ocidental extraodinariamente voltado para a penitência, mal se falou desse papel por muito tempo. Podemos perceber isso não só nas aplicações espirituais da figura de Maria Madalena, mas também no modo como ela foi representada na arte.

Questões para Reflexão

1. Quais eram os aspectos de Maria Madalena que os escritores medievais achavam inspiradores?
2. Como eles se comportavam em relação à identidade dela como "Apóstola dos Apóstolos", dentro do contexto da sua época?
3. A imagem de Maria Madalena inspira você de formas semelhantes?

Onze

A MADALENA NA ARTE

O *Código Da Vinci* pode ser popular, mas isso não quer dizer que esteja certo. De fato, o romance de Dan Brown está mais errado do que certo em relação a quase todos os assuntos que aborda, da história religiosa à geografia de Paris.

Brown até errou — e muito — quando tratou da arte. Não, não foi simplesmente quanto aos detalhes e à interpretação da obra de Leonardo, mas, o que é mais importante, Brown está errado na *abordagem* que ele incentiva quando se observa uma obra de arte, a qual, é claro, gira em torno de códigos ocultos e informações secretas, tudo inserido nas obras — obras de Leonardo, Grão-Mestre do Priorado de Sião, uma organização que nunca existiu. Mas estamos nos adiantando. Voltemos para a arte.

A arte na tela, mais do que causar impacto, certamente atinge mais fundo e mais amplamente. É por isso que ela permanece. Mas o significado da arte — qualquer expressão de arte — é recolhido, não de códigos fragmentados, mas da contemplação da obra, levando em conta o seu contexto, aprendendo um pouco sobre o simbolismo possivelmente existente na peça e contemplando-a mais uma vez.

O fato de Maria Madalena ter sido objeto de representação artística tão popular ao longo de vários períodos não é surpreendente. Durante o apogeu da consciência e prática da penitência, ela era onipresente em grandes e pequenas obras, secando os pés de Jesus com seus cabelos, rezando no deserto e descendo, dolorosamente, o corpo de Jesus da cruz. Mas, mesmo no começo da era Moderna — séculos XVII e XVIII —, quando a maior parte das obras de arte estava sendo encomendada por instituições não religiosas e patronos abastados, a Madalena permaneceu um tema atraente. Ela ainda era a penitente, mas muito mais erotizada e amplamente simbólica, não tanto como uma pessoa arrependida diante de Deus, mas como a tensão permanente entre o espírito e a carne.

De "Portadora-de-Mirra" a Eremita

A representação artística mais antiga que temos de Maria Madalena é um mural, provavelmente de um antigo batistério, datado do século III, na Síria. A cena mostra uma mulher se aproximando do sepulcro, descrita em todos os Evangelhos como sendo Maria Madalena. Durante os primeiros séculos da existência do Cristianismo, essa era representação usual — se não a única — de Maria, e era uma cena muito popular.

No começo da Idade Média, à medida que mais igrejas foram sendo construídas, e quanto mais arte era produzida para decorá-las e catequizar os fiéis, uma segunda representação de Maria tornou-se comum: Maria Madalena aos pés da cruz, sempre em lamentação, algumas vezes até amparando a Virgem Maria em seu próprio pesar silencioso.

(A propósito, a questão do pesar da Virgem era controvertido. Os Pais da Igreja primitiva condenaram o excesso de choro e lamentação como impróprio para cristãos que tinham fé na Ressurreição. Santo Ambrósio, no século IV, argumentou especificamente que a Virgem não poderia ter pranteado o filho porque sabia que Jesus iria ressuscitar [Haskins, p. 201]).

Maria Madalena também ganhou um lugar nas cenas pós-crucificação, conforme o corpo de Jesus é retirado da cruz e posto no túmulo. Na Idade Média, ela é mostrada muitas vezes no processo de ungir ou limpar, algumas vezes até com o seu cabelo, cuidando dos pés de Jesus, uma clara evocação da associação corrente de Maria Madalena com a mulher arrependida que aparece em Lucas 7, assim como com Maria de Betânia.

> Maria Madalena pode ser identificada na pintura pela presença do vaso, tanto seguro em sua mão quanto próximo a ela, no chão. O vaso lembra o seu papel na preparação do corpo de Jesus para o funeral e a unção em Betânia.

Como essas associações ficaram entranhadas na devoção popular, a figura da Madalena arrependida evoluiu para uma figura forte e comum na arte. Quadros representando a cena de Lucas 7 foram incluídos em várias séries pintadas sobre a vida de Maria Madalena. Uma dessas séries, um afresco de Giovanni da Milano em uma capela na Florença, funde visualmente as histórias de Lucas ao mostrar Maria limpando os pés de Jesus e, ao mesmo tempo, sete demônios negros voando para fora do telhado da casa (Haskins, p. 195).

A *Lenda Áurea* padronizou no Ocidente a história que circulava no período de Maria Madalena na Provença. Havia algumas criações artísticas que dramatizavam a viagem de barco de Maria Madalena, Marta e Lázaro, seguindo pelo mar, tendo partido da Terra Santa. Mas o que inspirou mais do que qualquer coisa os artistas e aqueles que lhes encomendaram as obras nesse período foram as décadas de contemplação e penitência nas cavernas de Ste-Baume.

Como Maria representava uma figura de esperança e inspiração para os cristãos altamente conscientes de seus pecados, essa imagem tinha uma grande força. Ela era sempre retratada de joelhos, as mãos em prece, algumas vezes com um ou mais símbolos associados dispostos perto dela.

> Ao lado do vaso, a Madalena arrependida era muitas vezes retratada com um crânio, como um símbolo da vida terrena e seu final definitivo, e um livro aberto, evocando a contemplação e a prece.

A partir do início da Idade Média, Maria Madalena era freqüentemente retratada nua nesses quadros da sua vida de eremita. O motivo, pelo menos no começo, não tinha nada a ver com erotismo. Na arte medieval, a nudez era um símbolo de pureza, de mente concentrada apenas em Deus e da inocência do Jardim do Éden. Se você olhar, por exemplo, quadros que retratam São Jerônimo, que também ficou algum tempo em um lugar deserto, traduzindo a Bíblia para o latim em cavernas na periferia de Jerusalém, verá que o seu corpo emagrecido está muitas vezes parcamente vestido. Não se espera que a nudez nos excite, apenas que nos estimule espiritualmente. É um sinal de que a pessoa voltada inteiramente para Deus está, de algum modo, isolada do mundo e das suas preocupações, e que foi levada de volta à condição original de Adão e Eva pela intimidade com Deus.

Nesse início dos tempos medievais, o corpo de Maria Madalena era normalmente coberto pelas ondas dos seus longos cabelos — mais uma vez, vemos a ligação com a mulher descrita em Lucas 7. Há também uma ligação com outras lendas sobre santas em que mulheres, tendo ameaçadas sua inocência e virgindade, vêem seu cabelo crescer repentinamente até cobrir o corpo todo. O cabelo dela também tinha, provavelmente, a intenção de evocar a vida anterior sexualmente promíscua da lendária Maria Madalena.

Entretanto, conforme o tempo foi passando, os valores artísticos mudaram. Durante a Renascença, o centro cultural de energia não era Deus, mas a pessoa e a figura humana. Enquanto em períodos anteriores a figura humana tinha funcionado como um símbolo indicando alguma coisa mais, os artistas da Renascença — e mais tarde os artistas do período barroco — tinham um forte interesse na figura humana por ela mesma, e a arte representando Maria Madalena refletiu isso. Em resumo, o cabelo dela passa a cobrir cada vez menos.

Ela ainda aparecia de joelhos (embora em peças mais tardias ela esteja muitas vezes reclinada), e ainda devia conservar as mãos em prece, mas o seu cabelo fora afastado para o lado, e na maioria das vezes os seios estavam expostos, o que, repito, também não era fora do comum naquele período, não sendo necessariamente uma imagem erótica. Mas, gradativamente, o conteúdo espiritual diminuiu, conforme o cabelo de Maria ia cobrindo cada vez menos, e a sua pose servia para acentuar a figura feminina mais do que para evocar qualquer coisa semelhante a uma penitência. Como Susan Haskins escreve sobre o final do século XVI e o século XVII: "Nas mãos de artistas menos importantes ... a santa se tornou pouca coisa além de uma mulher bonita, um corpo feminino idealizado mais do que uma pecadora arrependida, semelhante a muitos quadros de cortesãs do período, os seus atributos — o vaso e o crânio — sendo muitas vezes o único modo de identificá-la. Ela se tornou, para usar as palavras de Mario Praz, a 'grande amorosa arrependida' ou 'Vênus em hábito de penitência'" (Haskins, p. 257).

> Algumas vezes Maria Madalena é retratada num lugar ermo, vestida com uma pele de animal, semelhante a retratos de São Jerônimo, Santo Antônio ou São João Batista, ou mesmo com pêlos que cresceram milagrosamente por todo o seu corpo. The Elevation of the Magdalene, uma obra do século XVI, de Peter Strub, o

> Jovem, retrata a parte da lenda que descreve Maria sendo levada para os céus durante as horas das preces. Ela está toda envolta em uma pele — exceto nos joelhos, lesionados pelos longos períodos de oração.

Algumas representações de Maria Madalena desse período a mostram como um símbolo de traços classicamente definidos, particularmente *vanitas, luxuria* e *melancholia* — Vaidade, Luxúria e Melancolia. Essas obras normalmente se concentravam no tema da conversão de Maria Madalena, quando ela contempla, muitas vezes em um espelho, a vida que está pensando em deixar (e sua transitoriedade — daí, a Melancolia) — um conceito que tem raízes nas lendas sobre Maria, que a caracterizam como uma mulher rica, talvez promíscua, antes de conhecer Jesus.

(A associação de Maria Madalena com esses conceitos era também comum nas preces medievais, com os pregadores procurando desencorajar as mulheres a se vestir e se enfeitar com ostentação.)

Sabemos que percorremos uma longa distância desde a Portadora-de-Mirra do século III, quando descobrimos que por volta do século XVIII era muito comum as mulheres ricas serem retratadas em quadros como a Madalena, em poses encantadoras, parcamente vestidas e muito pouco penitentes.

O caminho para chegar a esse ponto da história é complexo, o resultado da dinâmica de valores artísticos e espirituais, no contexto de uma cultura que, enquanto ainda externamente muito religiosa, estava se afastando rapidamente da sua base religiosa, ao estabelecer sutilmente um reinado secular em que os artistas criariam, não tanto em resposta à sensibilidade religiosa, mas segundo os desejos de seus ricos patrões. A arte religiosa ainda estava sendo criada, e Maria Madalena figurava em parte dela, certamente. Mas a sua função, mesmo em algumas manifestações dessa arte religiosa, tinha mudado:

A Madalena medieval era uma (ex) pecadora, mas esse aspecto da sua lenda só foi importante enquanto serviu como um meio para pessoas pecadoras serem levadas à salvação. Agora, entretanto, ela era interessante precisamente como uma pecadora excitante, lindamente sedutora. O que as pessoas queriam não era mais a padroeira e defensora, mas a pecadora amante e arrependida... A verdadeira tarefa dela não era mais a de defender; ela tinha se tornado um símbolo refletindo a fragilidade da vida e do mundo. (*Mary Magdalene: The Image of a Woman Through the Centuries*, de Ingrid Maisch [Liturgical Press, 1998], p. 66)

Os tempos mudaram. A arte, como sempre faz, refletiu essa mudança. Alguns escritores contemporâneos querem nos fazer crer que a figura de Maria Madalena como uma antiga prostituta, com os cabelos em desalinho, parcialmente nua, erotizada, é produto de uma conspiração cristã para diminuí-la, para encaixotá-la de maneira que a verdadeira natureza do seu papel fique oculta. Como pudemos ver, não foi exatamente isso o que aconteceu. Enquanto é verdadeiro que no Ocidente a figura da Madalena Arrependida chegou a dominar, ninguém jamais parou de retratá-la na arte em seu papel de "Portadora-de-Mirra" e testemunha da Ressurreição. A mudança de Maria para Mulher Libertina, como deveria estar evidente, não teve nada a ver com a Igreja e sim com a moda contemporânea — de fato, durante o período da Contra-Reforma, os representantes oficiais da Igreja tentaram algumas vezes regular o conteúdo da arte com temática religiosa, desestimulando, no caso de Maria Madalena, o uso da nudez e da imagem de *A Lenda Áurea*.

O papel de Maria como um modelo de arrependimento pode ter desviado a atenção dos cristãos do papel que ela desempenhou depois da Ressurreição, que é ressaltado nos Evangelhos. Mas, quem sabe, num sentido mais amplo, tudo faça parte da mesma obra. Afinal, qual é a mensagem da Ressurreição? Que há vida depois da morte. De certo modo, a figura de Maria como perdoada, contemplando a misericórdia de Deus, é uma personificação poderosa — ou, devemos ousar dizer, testemunho — do fato verdadeiro.

> Estas são outras representações populares de Maria Madalena:
>
> - Colocada ao lado da Virgem e do menino Jesus.
> - *Noli Me Tangere*: a dramatização de João 20:17, normalmente com Maria tentando alcançar Jesus, e ele com a mão espalmada para desencorajá-la e, talvez, com a outra mão levantada em direção aos céus.
> - Reunida em grupo com outros santos, como Santa Clara, Santa Catarina de Siena ou São Domingos.
> - Pregando, destruindo ídolos pagãos e até mesmo batizando: essas pinturas são particularmente numerosas na França, o que não é nada surpreendente.
> - Recebendo a sua última comunhão de São Maximino.

No Palco

Os cristãos medievais aprenderam sobre a sua fé não somente por meio da pregação e da pintura, mas também pelo drama.

A liturgia era intrinsecamente dramática, é claro, mas os diálogos dramáticos encontraram paralelamente o seu caminho nas liturgias cristãs no início da Idade Média. Muitas vezes, dias importantes de festas incluíam, antes ou depois, alguma dramatização relacionada com a comemoração. Por exemplo, como observa Susan Haskins, no século X, em algumas catedrais e mosteiros, era apresentado um diálogo durante as Matinas de Páscoa que representava uma lamentação de Maria Madalena.

À medida que o tempo passou, as apresentações foram ficando mais elaboradas, incorporando cenas, por exemplo, de Maria negociando para obter o seu ungüento ou desmaiando no sepulcro. O hino *Victimae Paschali Laudes*, que foi usado na liturgia oriental durante séculos, originou-se de parte de uma dessas representações dramáticas:

> "Diga-nos, Maria,
> O que você viu no caminho?
> Vi o sepulcro do Cristo vivo,
> E vi a glória Daquele que ressuscitou:
> Anjos como testemunhas,
> O lençol que o envolvia, e Suas roupas."

(*Victimae Paschali Laudes*, século XI)

Por todo o período medieval, o drama circulou livre da liturgia e criou raízes na vida européia em encenações de mistérios, o que resultou no que hoje vemos na forma de dramas da Paixão. As encenações de mistérios eram muitas vezes muito elaboradas, algumas vezes espetáculos itinerantes, e outras vezes produções anuais de alguma comunidade em especial. Os seus temas podiam ser tão vastos como a história inteira da salvação ou tão específicos como a vida de um santo em particular.

Maria Madalena seria obviamente um tema popular, e era. A sua vida antes da conversão — inspirada pela lenda, mas certamente não limitada por ela — criava a oportunidade para dramatizar uma vida de luxo e decadência, ao mesmo tempo excitante e acauteladora, representando, como fez muitas vezes na pintura e na pregação do período, *luxuria* e *vanitas*.

Um dos exemplos mais intensamente estudados sobre esse gênero é o *Digby Mary Magdalene*, escrito na Inglaterra em algum momento no final do século XV. Tem mais de cinqüenta falas e contém duas mil e cem linhas. A peça cobre a vida de Maria desde antes da sua conversão até a sua morte, coerentemente com a lenda, depois de longos anos de contemplação na caverna na Provença. A encenação exige dezenove cenários diferentes e um grande volume de maquinário de palco muito elaborado, incluindo uma embarcação que se move, nuvens para as ascensões e descidas, e meios para que o diabo, que aparece nessa peça quando tenta manter Maria Madalena em seu poder, desça para o inferno. A peça traz muito do material lendário tratado aqui, dando ênfase especial ao fato de Jesus enviar Maria Madalena como um "apóstolo sagrado" para a França, e colocando-a em cena realizando milagres e até mesmo falando diversas línguas.

A Vida Imita a Arte

Em outros tempos e em outros lugares, os cristãos viviam numa cultura saturada de arte, que era dinâmica e criativa. A espiritualidade cristã era alimentada não apenas aos domingos e não só por palavras, mas por imagens que espreitavam os cristãos das fachadas de suas igrejas — e também dos seus interiores — e das iluminuras em seus livros de preces, além de estarem presentes em seus entretenimentos.

Maria Madalena, com uma história de vida que evoluiu para outra que engloba as tentações, o pesar e a esperança para todos os cristãos, era naturalmente um tema popular para a expressão artística durante aqueles séculos, não porque os representantes oficiais da Igreja estivessem determinados a impor uma determinada imagem dela, mas porque a imagem que ela assumia na mente popular era atraente, interessante e carregada de esperança.

Questões para Reflexão

1. Quais são os símbolos básicos que caracterizam Maria Madalena na pintura?
2. Como a imagem de Maria Madalena na pintura muda com o passar dos anos?
3. Qual é a imagem de Maria Madalena na mente das pessoas nos dias de hoje?

Doze

A REDESCOBERTA

Então, o que aconteceu com Maria Madalena? Para onde ela foi?

O papel de Maria na vida espiritual dos cristãos comuns no Ocidente inegavelmente empalideceu, chegando quase à invisibilidade, um contraste chocante com sua importância no período medieval. Mas então, a mesma coisa aconteceu com a maioria dos santos. O colapso da cultura católica e a diminuição da ênfase na devoção aos santos na Igreja depois do Vaticano II teve suas conseqüências na devoção católica aos santos em geral, empurrando esses santos homens e mulheres para as margens do público católico e da espiritualidade individual. Maria Madalena é apenas uma entre tantas "baixas" contabilizadas.

Mas ela não está totalmente esquecida, é claro. Existe toda uma indústria que floresceu em volta do seu nome durante a última década — livros, *workshops* e palestrantes que se apossaram de Maria Madalena como um símbolo, mas não de arrependimento, de esperança em Cristo, ou de "Apóstola dos Apóstolos", como ela era vista pelo Cristianismo tradicional. Não, para esses intérpretes contemporâneos, ela é a "Deusa nos Evangelhos", a "Esposa Amada" de Jesus, o Santo Graal, ou a verdadeira fundadora do Cristianismo. Alguns desses papéis atribuídos a Madalena são interessantes e genuinamente instigantes. Outros são apenas tolos e, no final, não passam de insultos ao que sabemos da verdadeira Maria Madalena.

"Cristianismo Madaleno"

A história do Cristianismo primitivo não deixa de ser ambígua. Enquanto as evidências textuais que temos dos três primeiros séculos são surpreendentemente volumosas — considerando o fato de que estamos falando de um movimento pequeno e perseguido que ocorreu há mais de mil e quinhentos anos —, esses mesmos textos não respondem a todas as nossas perguntas.

Havia uma linha clara de desenvolvimento partindo de Jesus para os apóstolos e por meio de Pedro e o estabelecimento das comunidades cristãs — aqueles grupos que conservavam crenças com relação a Jesus, seu ministério e o objetivo da Igreja que poderíamos chamar de ortodoxa: aqueles que se moldaram autoconscientemente segundo o que Jesus tinha ensinado, da forma como fora preservado e passado adiante pelos apóstolos.

Mas, como qualquer historiador pode lhe dizer, essa comunidade não era estática. Não possuía o autoconhecimento completo desde o início. Desde aquele começo, houve diferentes interpretações de Jesus, seu chamado, e o que aquilo significava para aqueles que o seguiam, e o Cristianismo ortodoxo continuou a definir-se pela reflexão sobre as palavras de Jesus naquele contexto. A dinâmica é algo que todos experimentamos: algumas vezes entendemos vagamente alguma coisa, mas é somente no diálogo, ou até mesmo debatendo com outra pessoa, que realmente apreendemos a idéia. Esse diálogo é esclarecedor.

Era o que acontecia no Cristianismo primitivo — e acontecia o tempo todo, já que eles enfrentavam a questão de o que fazer com relação aos gentios, ou não-judeus, que desejavam se tornar cristãos. Eles teriam de se tornar também judeus? Teriam de ser circuncidados e aceitar a Lei? O processo de trabalhar esse problema esclareceu alguns elementos importantes do ensinamento de Jesus que não eram óbvios para aqueles primeiros crentes, todos judeus.

Entretanto, aqueles que "perderam" — os que, sem dúvida, acreditavam que os discípulos de Jesus deveriam seguir a lei judaica — não se afastaram. Os que defendiam a "judeização" — processo referido por Paulo, particularmente em sua carta aos gálatas — continuaram o seu próprio ensinamento, e agiram assim, acreditamos, até o século II.

A existência desse grupo nos conta que havia "muitos Cristianismos", todos igualmente válidos? Não, verdadeiramente. Ela nos diz que havia, sim, diferentes interpretações da identidade e da missão de Jesus, mas não segue daí que essa ou aquela interpretação sejam corretas.

Ora, alguns diriam que não existe uma interpretação de Jesus que seja mais correta ou menos correta. Entretanto, duvido sinceramente que aqueles que defendem essa posição se prenderiam a ela, digamos, quando examinassem as idéias daqueles que se dizem cristãos e ao mesmo tempo defendem a supremacia dos brancos. É válida essa "interpretação" de Jesus e ela constitui apenas um "Cristianismo alternativo" no mesmo patamar do ensinamento ortodoxo cristão? Não. Evidentemente há linhas que devem ser traçadas, e embora às vezes elas sejam confusas, são essenciais aquelas que, séria e humildemente, aceitam o testemunho apostólico relativo à totalidade da presença, ensinamento, paixão e ressurreição de Jesus.

Este é o contexto em que devemos examinar a conversa atual sobre um possível "Cristianismo Madaleno". A visão essencial é essa: que em algumas comunidades cristãs primitivas, Maria Madalena era reconhecida como líder em pé de igualdade com os apóstolos — e talvez até mesmo em um patamar superior ao deles — e, nessas comunidades, perseguia-se uma visão de vida radicalmente igualitária.

Sem dúvida, há diferentes versões dessa história. Alguns sugerem uma competição bem caracterizada entre seitas distintas, uma conduzida por Maria Madalena, a outra por Pedro. Outros são menos radicais, descrevendo um conflito entre facções do Cristianismo primitivo fundado não tanto em questões de sexo, mas em discordâncias entre as que observavam as qualidades carismáticas (isto é, os dons do Espírito Santo) como base de liderança e as outras mais presas a preocupações institucionais, com Maria Madalena na condição de representante do líder anterior. Os Evangelhos canônicos são lidos por esses autores em busca de indícios de conflito e competição política. Outros textos, alguns cristãos ortodoxos, outros gnósticos, ou que expressam outras correntes de pensamento, são estudados cuidadosamente à procura das mesmas pistas. Não temos tempo para examinar todas as diversas teorias que circulam pela cultura popular e acadêmica, mas o que é mais importante é chegarmos a entender como interpretar essas teorias de modo geral.

A primeira e mais fundamental questão é ler além das manchetes, além da propaganda bombástica das sobrecapas dos livros, e até mesmo além do texto impresso nas páginas. Na maioria das vezes, as interpretações de tirar o fôlego de um papel recentemente atribuído a Maria Madalena no Cristianismo primitivo não estão nem perto da precisão que os seus proponentes gostariam de fazer o público acreditar. Essas interpretações muitas vezes dependem de, por exemplo, uma datação altamente idiossincrática do texto — situando, por exemplo, o *Evangelho de Maria* cem anos antes do que fariam, em sua maioria, os especialistas. Dependem também de interpretações de textos, da Escritura canônica ou de material que não faz parte da Bíblia, moldadas conforme as expectativas, e portanto não são objetivas. Vemos um exemplo disso no Capítulo 3 sobre os textos gnósticos, quando ficamos sabendo que alguns estudiosos estão começando a questionar a associação automática e largamente difundida de todas as "Marias" dos textos gnósticos com Maria Madalena, especialmente aqueles que vieram do meio sírio, em que a Virgem Maria era altamente venerada.

A outra questão, que precisa ser enfatizada muitas e muitas vezes, é que enquanto havia certamente disputas dentro do Cristianismo primitivo em torno da liderança — basta apenas ler as epístolas de Paulo para enxergar isso com clareza —, não há na verdade nenhuma evidência sólida da existência de algum círculo distinto de cristãos reunidos em volta da figura de Maria Madalena. Enquanto é verdadeira a afirmação de que o material lendário tanto do Ocidente quanto do Oriente reflete o respeito por sua pregação, isso realmente refletiria uma antiga lembrança de um ramo do Cristianismo do qual Maria Madalena foi a líder e a fundadora? Muitos especialistas, mesmo aqueles sem nenhum interesse particular nas reclamações do Cristianismo ortodoxo, diriam que não.

A ironia final é que os proponentes de um "Cristianismo Madaleno" baseiam suas alegações no tratamento inconsistente de, por um lado, os Evangelhos canônicos e, por outro, dos próprios textos escolhidos por eles.

Muito simplesmente, é isso: Esses escritores alegariam, para uma pessoa, que os Evangelhos canônicos não podem ser lidos por seu significado visível, que eles não podem nos contar grande coisa sobre os eventos que afirmam descrever, mas que eles *realmente* nos contam tudo sobre as comunidades que os produziram. Assim, por exemplo, as narrativas da Ressurreição não nos contam que Jesus ressuscitou — como eles parecem claramente declarar —, mas em vez disso nos contam que Pedro associou-se a essa história a fim de reclamar a liderança do movimento cristão que ocorreu depois de Jesus. (Por que motivo ele iria querer fazer isso, evidentemente, nunca é mencionado.)

Entretanto, quando os proponentes da corrente de Maria-Madalena-como-Líder-Cristã se voltam para os textos gnósticos, eles carregam consigo uma série de perspectivas completamente diferentes. Agora, parece, temos uma história escrita clara e diretamente. Se ela diz que os apóstolos estavam com ciúmes do papel de Maria Madalena na vida de Jesus, então os apóstolos *estavam* enciumados. Os Evangelhos canônicos, escritos décadas depois dos acontecimentos descritos, aparentemente nos contam pouco ou nada sobre esses eventos e somente nos falam do compromisso assumido pela comunidade de contar a história, enquanto os textos gnósticos, escritos um século ou mais depois dos acontecimentos descritos, nos contam a verdade sobre eles, em vez de qualquer coisa relativa ao compromisso da comunidade de contar a história.

Parte dessa nova cultura merece ser lida, mas a maioria não.

Mas, seja lá o que for que você decida, compare esse material com a sua própria edição das Escrituras e com quaisquer outros textos que tiver ao seu alcance, usando também o seu senso crítico e permanecendo atento às afirmações duvidosas. Procure os textos de críticos desses especialistas na Internet e julgue por si mesmo.

Tão ambíguas como possam ser algumas das histórias do Cristianismo primitivo, não existem realmente segredos profundos e sombrios ameaçando abalar seus alicerces. Costumava-se chamar isso de Gnosticismo, e talvez ainda devesse assim ser chamado, porque é exatamente o que está se repetindo aqui na maior parte do tempo, apenas com uma roupagem moderna.

A Deusa e o Graal

Pelo menos o "Cristianismo Madaleno" trouxe à baila alguma coisa verdadeira — a existência de diversas interpretações de Jesus que existiram durante os quatro primeiros séculos. Algumas das idéias mais populares sobre Maria Madalena que surgiram nos últimos dez anos não podem nem mesmo alegar essa vantagem: especificamente, a idéia de Maria Madalena ter se casado com Jesus, ter tido um filho dele e de que o seu papel como "Noiva" é realmente central para o Cristianismo, como era a intenção de Jesus. *O Código Da Vinci*, é claro, inventa essa teoria, que por si só é uma ficção emocionante. A escritora de quem Brown depende para a construção de muitas de suas idéias, e que sozinha popularizou essa noção, é Margaret Starbird.

A obra de Starbird reúne os textos gnósticos, as lendas medievais, leituras de quadros e objetos repletos de códigos, além de algumas das mais recentes teorias de conspiração baseadas nos Templários e relacionadas com Maria Madalena descritas em livros que invariavelmente estão fora do lugar nas livrarias, já que ocupam a secção de "Não-ficção".

O que temos na obra de Starbird é, basicamente, uma rede. Ela recolhe tudo o que é relacionado a Maria Madalena. Ela, surpreendentemente, aceita até mesmo a fusão das Marias feita por São Gregório, o Grande. E então ela prepara um "cozido" disso tudo, criando as "evidências" para apoiar suas próprias teorias:

> A verdadeira Maria Madalena, embora mais tarde tendo sido chamada de prostituta pela igreja, jamais foi desprezada por Jesus nos Evangelhos. Ela era o amor da sua vida. Como nos contos de fada, o príncipe encantado a procurava já havia dois mil anos, tentando reconduzi-la ao seu lugar, ao seu lado. (*The Woman with the Alabaster Jar: Mary Magdalene and the Holy Grail* [Bear & Company, 1993], pp. 176–177)

Essa Maria é, segundo Starbird, uma deusa, a personificação do sagrado feminino. Essa verdade, que vinha sendo mantida enterrada pelo Cristianismo ortodoxo durante anos, diz ela, agora pode ser revelada e reconhecida por meios não ortodoxos. Uma das técnicas que Starbird utiliza é a gematria, ou a decifração do texto grego do Novo Testamento de acordo com princípios numerológicos. Ela trabalha a partir dos valores numéricos tradicionais dados a letras gregas, e daí ela reconhece um código de significados que revelam que aqueles que escreveram os Evangelhos acreditavam que Maria Madalena era uma deusa e a amada de Jesus e tinham recebido essa informação secretamente:

> "A evidência de que Maria Madalena e Jesus juntos forneceram o modelo para o 'hiero gamos' (Casamento Sagrado) no Cristianismo é encontrado no próprio Evangelho. Os números codificados pela gematria em seu nome indicam que Maria Madalena era a "Deusa" entre os cristãos primitivos. Eles entendiam a "teologia dos números" do mundo helenístico, números codificados no Novo Testamento que tinham a sua base no antigo cânone da sagrada geometria desenvolvida pelos pitagóricos séculos antes.
> "O epíteto grego 'h Magdalhnh' leva o número 153, um valor profundamente importante usado entre os matemáticos para designar o formato ( ), chamado *vesica piscis*, identificado com o "sagrado feminino" no mundo antigo. Este símbolo, a 'vulva', tem atributos óbvios da regeneração feminina e de 'entrada' ou 'portal' da vida — o 'sagrado caldeirão de criatividade'. Era um símbolo muito antigo antigo [sic], até mesmo arquetípico, da Deusa. Era chamado de 'santo dos santos' e de 'sacrário interior'. Amêndoas eram consagradas a Vênus. O símbolo é encontrado com abundância na pintura rupestre de povos antigos, descoberta em santuários onde a fertilidade da terra e da mulher era venerada. Não foi acidental o fato de o epíteto de Maria Madalena carregar o número que levou os instruídos da época a identificá-la como a 'Deusa nos Evangelhos'." (Margaret Starbird, em www.magdalene.org)

Pode-se observar isso de inúmeras perspectivas diferentes, mas começaremos e terminaremos usando a lógica. Se os escritores do Novo Testamento acreditavam nisso — que Jesus e Maria Madalena eram casados e que Maria era uma deusa —, por que eles simplesmente não disseram isso? Eles não seriam recriminados. Se fosse verdade que o Cristianismo era isso, teria sido muito mais fácil pregá-lo abertamente no Império Romano do século I. De fato, esse comportamento teria trazido muito menos dor e sofrimento àqueles primeiros cristãos. Somos obrigados a imaginar por que eles escolheriam encobrir a verdade na qual supostamente acreditavam com mentiras que causavam a sua prisão e morte. O que seria estranho, sem dúvida, e exigiria toda uma outra série de códigos para ser entendido.

Tentar Alcançar as Estrelas

Do século III ao V, os gnósticos usaram as personagens de Jesus e Maria Madalena exatamente assim — personagens de uma história que eles estavam tentando contar sobre suas próprias mitologias e visões de mundo. Os nomes estavam lá, mas pouco mais era extraído das fontes do século I, que são os guias históricos mais confiáveis para as identidades, palavras e ações dos primeiros cristãos. Os gnósticos se sentiram livres para ignorar o registro histórico e inventar sua própria visão do passado que viesse sustentar a sua ideologia.

Muita coisa semelhante está acontecendo atualmente. Há muitos livros sendo publicados sobre Maria Madalena, muitas palavras sendo ditas sobre ela, em nome dela. Mas eles, em sua maioria, são simples exercícios especulativos de imaginação, textos que, ou rejeitam explicitamente os textos históricos do século I, ou os reinterpretam de forma extremada e fantástica, a fim de se ajustar à sua programação. Muitos desses escritores vão tentar nos dizer que é muito importante para nós "ouvirmos" Maria

Madalena, que o que ela tem a nos dizer é vital e vai mudar nossas vidas.

Somos obrigados a concordar. Também preferimos ouvi-*la* — já que ela fala nos Evangelhos —, não através da imaginação dos seus intérpretes modernos, com suas programações próprias e pontos cegos.

Questões para Reflexão

1. Por que você acha que alguns escritores contemporâneos usam Maria Madalena da forma que estão fazendo?
2. Quais as semelhanças que você vê entre essa linha de pensamento e as antigas idéias gnósticas?
3. Por que você acha que alguns comentadores modernos preferem se concentrar na Maria Madalena mítica ou imaginária em vez de enfocarem a Maria dos Evangelhos?

EPÍLOGO

Conforme chegamos ao fim da nossa viagem, podemos rever incontáveis lendas, histórias e especulações em torno de Maria Madalena. Ela permaneceu como um símbolo de devoção, fidelidade, arrependimento e gratidão para milhões de pessoas ao longo da história.

Mas o que, afinal, podemos dizer sobre *quem* era realmente Maria Madalena? O que aconteceu a ela depois da Ascensão de Jesus?

Não há como, dadas as evidências de dispomos agora, saber a resposta com absoluta certeza. Entretanto, é possível — ao considerar as diversas lendas antigas historicamente enraizadas, as viagens das suas supostas relíquias e a devoção a ela em várias partes do mundo — levantar algumas possibilidades sérias.

> Levando em consideração a forte tradição oriental, que é muito antiga, é altamente provável que Maria Madalena tenha mesmo acompanhado João e a Virgem Maria até Éfeso depois da Ascensão, onde ela morreu e foi enterrada. Suas relíquias foram transferidas para Constantinopla no século IX, de onde algumas delas

acabaram por ser levadas para o sul da França. É possível imaginar que a chegada das relíquias nessa região tenha inspirado um fervor evangelizador e conduzido a conversões ao Cristianismo, o que é retratado, de modo imaginativo, nas lendas sobre Maria Madalena pregando, convertendo e batizando nessa região.

Antigas lendas cristãs chegaram até nós através dos séculos, envoltas em mistérios, mesmo tendo suas raízes nos Evangelhos. Afinal, mesmo em seus caminhos excêntricos, todas elas apontam para Cristo. Através da névoa do tempo, pode ser possível discernir — subjacentes e inspirando o fantástico — algumas possíveis verdades fascinantes sobre o que realmente aconteceu a Maria Madalena, "Apóstola dos Apóstolos", cuja presença, mesmo na forma de suas relíquias, trabalhou para difundir as Boas Novas da salvação por intermédio de Jesus, o Filho de Deus.

Inocentar a Madalena?

Espero que a leitura deste livro tenha sido educativa para você. Escrevê-lo certamente funcionou dessa forma para mim. Muitas e muitas vezes fui obrigada a refletir no impacto forte e positivo que a figura de Maria Madalena teve sobre o Cristianismo e, francamente, a lamentar a sua perda.

O que os críticos modernos dizem sobre o *cultus* tradicional a Maria Madalena não é verdade. Eles procuram redimi-la, alegando que o Cristianismo tradicional injuriou-a, caracterizando-a como prostituta. Como vimos, não foi o que aconteceu. Enquanto a vida pré-conversão da lendária Maria Madalena era, sem dúvida, usada para corrigir os pecados observados nas mulheres, e mais tarde se tornou um objeto de excitação em vez de inspiração, agora já deveria estar bem evidente que Maria Madalena nunca foi injuriada pelo Cristianismo tradicional, nem diminuída e nem rejeitada.

Ela foi a santa mais popular da Idade Média. Era amada, reverenciada e vista como a prova viva da grande misericórdia de Deus. E mais uma vez somos obrigados a perguntar: O que aconteceu?

A triste ironia é que, ao se adotar a história certa de Maria Madalena, corrigindo o "erro" de São Gregório, o Grande, mil anos de explicações racionais para venerar Maria Madalena no Ocidente foram, de um golpe, lançados fora. Essa imagem chegou a dominar as idéias sobre ela em tal extensão que os cristãos ocidentais não deixaram nada por escrito em termos de prática devocional ou espiritual para ajudá-los a conservar um lugar para Maria Madalena.

Trata-se de uma história que nos leva àquele lugar difícil na tradição cristã, do discernimento entre fato e lenda, e tentar dar um sentido a esta última. Porque os céticos podem perguntar: por que criticar Starbird e os que a seguem? O trabalho dela não exerce a mesma função daquelas lendas medievais?

Não exatamente. E observe, não estamos defendendo a retomada do material lendário como centro da devoção à Madalena. Em hipótese alguma. Entretanto, a elaboração cristã tradicional sobre a história de Maria Madalena, mesmo quando bordada em uma complicada tapeçaria que parece muito distante dos Evangelhos, não estava de fato tão longe assim. Nessas lendas, Maria Madalena é devotada a Jesus, não inventado por ela, mas o Jesus dos Evangelhos. Os temas que percorrem as lendas são temas do Evangelho: arrependimento, vida nova e discipulado. Não, essas lendas não devem ser o centro da nossa devoção a Maria Madalena, porque estamos mais bem servidos com o que os Evangelhos nos contam. Mas a verdade é que essas lendas não nos afastam dos Evangelhos como pretendem fazer esses intérpretes modernos. As lendas reforçam os Evangelhos, de uma forma estranha, prazerosa e comprometida.

Entretanto, quero finalizar este livro com um pedido aos cristãos ocidentais para que mais uma vez prestem muita atenção a Maria Madalena, como uma grande santa e modelo para todos nós, homens e mulheres. Não precisamos nos preocupar com a Provença ou com Éfeso para fazer isso, mas simplesmente nos voltar para os Evangelhos e para a verdade sobre Maria Madalena preservada lá e tão fortemente conservada nas Igrejas cristãs do Oriente.

Vivemos em um mundo no qual os cristãos são advertidos para que fiquem em silêncio. Para guardar suas crenças para si mesmos. Para calar sobre o assombroso amor de Deus e o seu poder para modificar vidas, levando luz à escuridão, transformando o sofrimento em alegria.

Maria Madalena permanece no jardim, uma resposta a essa advertência. Ela, grata por aquilo que Jesus fez por ela, não conseguia sair do seu lado, mesmo diante do perigo. Ela, tendo visto o Senhor, não podia ficar quieta, mesmo sabendo como a história iria soar inverossímil e como ela poderia ser considerada uma testemunha desacreditada. Ela amou, ela ungiu, ela viu e ouviu. Quando lhe perguntaram o que tinha visto — *Dic nobis?* —, ela falou. Sem medo, alegremente, sem pensar nas conseqüências.

Santa Maria Madalena, rogai por nós.

OUTRAS LEITURAS

A literatura sobre Maria Madalena tem um volume considerável, mas apresenta dois problemas. Em primeiro lugar, há muitas obras eruditas interessantes que foram publicadas, mas em grande parte apenas em jornais acadêmicos e ainda não disponíveis em inglês. Em segundo, a maioria da literatura que está ao alcance do leitor não acadêmico tem uma carga política e é dirigida ideologicamente.

Algumas das obras abaixo, sem dúvida, carregam em si uma programação, algumas de modo mais leve do que outras. Entretanto, muitas das informações sobre o desenvolvimento histórico do *cultus* de Maria Madalena não estão disponíveis em outras fontes impressas.

- *Mary Magdalene: Myth and Metaphor*, de Susan Haskins (Berkley, 1997). Esta é uma obra ampla e detalhada que explora a imagem da santa desde os primeiros séculos do Cristianismo até o período moderno. Inclui não só liturgia, preces e arte devocional, mas também instituições inspiradas por Maria Madalena e reflexões seculares.
- *The Making of the Magdalen: Preaching and Popular Devotion in the Later Middle Ages*, de Katherine Lud-

wig Jancen (Princeton University Press, 2000). Este não é apenas um belo e objetivo estudo do valor da devoção a Maria Madalena durante esse período, mas também inclui informações úteis sobre a vida da santa e a história primitiva.
- *Mary Magdalene: The Image of a Woman Through the Centuries*, de Ingrid Maisch (Liturgical Press, 1998). Este é um exame das interpretações de Maria Madalena voltado para as culturas de língua alemã, mas englobando também o Cristianismo primitivo.
- *The Life of St. Mary Magdalene and of Her Sister Martha*, de Rabano Mauro, traduzido para o inglês e anotado por David Mycoff (Cistercian Publications, 1989). Este pequeno e inestimável volume de Rabano Mauro (784?–856), arcebispo de Mainz, oferece um exame dirigido à natureza da devoção medieval a Maria Madalena.
- *Women in the Ministry of Jesus*, de Ben Witherington III (Cambridge University Press, 1984). Obra objetiva de Witherington, especialista nas Escrituras, é muito útil para se colocar a Maria Madalena dos Evangelhos no contexto.
- *Hidden Gospels: How to Search for Jesus Lost Its Way*, de Philip Jenkins (Oxford University Press, 2001). Esta é uma fonte importante para esclarecer questões relacionadas com os textos gnósticos muito usados atualmente para interpretar Maria Madalena.

Apêndice A

MARIA MADALENA NOS EVANGELHOS

As passagens reproduzidas a seguir estão relacionadas a Maria Madalena, direta ou indiretamente. A edição da Bíblia que foi usada é a traduzida por João Ferreira de Almeida.

Esta passagem é a única menção de Maria Madalena fora das narrativas da Paixão e da Ressurreição.

Lucas 8:1–3
E aconteceu, depois disto, que andava de cidade em cidade, e de aldeia em aldeia, pregando e anunciando o evangelho do reino de Deus; e os doze iam com ele. E algumas mulheres que haviam sido curadas de espíritos malignos e de enfermidades: Maria, chamada Madalena, da qual saíram sete demônios; e Joana, mulher de Cusa, procurador de Herodes, e Suzana, e muitas outras que o serviam com suas fazendas.

Maria Madalena é mencionada, em todos os Evangelhos, como estando presente quando da morte de Jesus e na deposição do seu cor-

po. (Lucas não menciona o nome dela porque a sua identidade como uma das mulheres da Galiléia estaria subentendida.)

Mateus 27:55–61

E estavam ali, olhando de longe, muitas mulheres que tinham seguido Jesus desde a Galiléia, para o servir; entre as quais estavam Maria Madalena, e Maria, mãe de Tiago e de José, e a mãe dos filhos de Zebedeu.

E, vinda já a tarde, chegou um homem rico de Arimatéia, por nome José, que também era discípulo de Jesus. Este foi ter com Pilatos e pediu-lhe o corpo de Jesus. Então Pilatos mandou que o corpo lhe fosse dado. E José, tomando o corpo, envolveu-o num fino e limpo lençol, e o pôs no seu sepulcro novo, que havia aberto em rocha, e, rodando uma grande pedra para a porta do sepulcro, foi-se. E estavam ali Maria Madalena e a outra Maria, assentadas defronte do sepulcro.

Marcos 15:40-47

E também ali estavam algumas mulheres, olhando de longe, entre as quais também Maria Madalena, e Maria mãe de Tiago, o menor, e de José, e Salomé; as quais também o seguiram, e o serviam, quando estava na Galiléia; e muitas outras, que tinham subido com ele a Jerusalém.

E, chegada a tarde, porquanto era o dia da preparação, isto é, a véspera do sábado, chegou José d´Arimatéia, senador honrado, que também esperava o reino de Deus, e ousadamente foi a Pilatos, e pediu o corpo de Jesus. E Pilatos se maravilhou de que já estivesse morto. E, chamando o centurião, perguntou-lhe se já havia muito que tinha morrido. E, tendo-se certificado pelo centurião, deu o corpo a José; o qual comprara um lençol fino, e, tirando-o da cruz, o envolveu nele, e o depositou num sepulcro lavrado numa rocha; e revolveu uma pedra para a porta do sepulcro. E Maria Madalena e Maria mãe de José observavam onde o punham.

Lucas 23:49-56

E todos os seus conhecidos, e as mulheres que juntamente o haviam seguido desde a Galiléia, estavam de longe vendo estas coisas. E eis que um varão por nome José, senador, homem de bem e justo, que não tinha consentido no conselho e nos atos dos outros, de Arimatéia, cidade dos judeus, e que também esperava o reino de Deus; esse, chegando a Pilatos, pediu o corpo de Jesus, e, havendo-o tirado, envolveu-o num lençol, e pô-lo num sepulcro escavado numa penha, onde ninguém ainda havia sido posto. E era o dia da preparação, e amanhecia o sábado. E as mulheres, que tinham vindo com ele da Galiléia, seguiram também e viram o sepulcro, e como foi posto o seu corpo. E, voltando elas, prepararam especiarias e ungüentos.
E no sábado repousaram, conforme o mandamento.

João 19:25

E junto à cruz de Jesus estava sua mãe, e a irmã de sua mãe, Maria de Cleofas, e Maria Madalena.

Todos os quatro Evangelhos concordam que Maria Madalena estava entre as primeiras testemunhas do sepulcro vazio. (João destaca o seu papel, colocando-a no túmulo, encontrando-se sozinha com o Jesus ressuscitado.)

Mateus 28:1-10

E, no fim do sábado, quando já despontava o primeiro dia da semana, Maria Madalena e a outra Maria foram ver o sepulcro; e eis que houvera um grande terremoto, porque um anjo do Senhor, descendo do céu, chegou, removendo a pedra, e sentou-se sobre ela. E o seu aspecto era como um relâmpago, e o seu vestido branco como neve. E os guardas, com medo dele, ficaram muito assombrados, e como mortos. Mas o anjo, respondendo, disse às mulheres: Não tenhais medo; pois eu sei que buscais a Jesus, que foi crucificado. Ele não está aqui, porque já ressuscitou, como havia dito. Vinde, vede o lugar onde o Senhor jazia. Ide pois, imediatamente, e dizei aos seus discípulos que já ressuscitou dos mortos. E eis que ele vai adiante de vós para a Galiléia; ali o vereis. Eis que eu vô-lo tenho dito. E, saindo elas, eis que Jesus lhes sai ao encontro, dizendo: Eu vos saúdo. E elas, chegando, abraçaram os seus pés, e o adoraram. Então Jesus disse-lhes: Não temais; ide dizer a meus irmãos que vão a Galiléia, e lá me verão.

Marcos 16:1-11

E, passado o sábado, Maria Madalena, e Maria, mãe de Tiago, e Salomé, compraram aromas para irem ungi-lo. E, no primeiro dia da semana, foram ao sepulcro, de manhã cedo, ao nascer do sol; e diziam umas às outras: Quem nos revolverá a pedra da porta do sepulcro? E, olhando, viram que já a pedra estava revolvida; e era ela muito grande. E, entrando no sepulcro, viram um mancebo assentado à direita, vestido de uma roupa comprida, branca: e ficaram espantadas. Porém ele disse-lhes: Não vos assusteis; buscais a Jesus Nazareno, que foi crucificado; já ressuscitou, não está aqui; eis aqui o lugar onde o puseram. Mas ide, dizei a seus discípulos, e a Pedro, que ele vai adiante de vós para a Galiléia; ali o vereis, como ele vos disse. E, saindo elas apressadamente, fugiram do sepulcro, porque estavam possuídas de temor e assombro; e nada diziam a ninguém, porque temiam.

E Jesus, tendo ressuscitado na manhã do primeiro dia da semana, apareceu primeiramente a Maria Madalena, da qual tinha expulsado sete demônios. E, partindo ela, anunciou-o àqueles que tinham estado com ele, os quais estavam tristes, e chorando. E, ouvindo eles que vivia, e que tinha sido visto por ela, não o creram.

Lucas 24:1-11

E no primeiro dia da semana, muito de madrugada, foram elas ao sepulcro, levando as especiarias que tinham preparado. E acharam a pedra revolvida do sepulcro. E, entrando, não acharam o corpo do Senhor Jesus. E aconteceu que estando elas perplexas a esse respeito, eis que pararam junto delas dois varões, com vestidos resplandecentes. E, estando elas muito atemorizadas, e abaixando o rosto para o chão, eles lhes disseram: Por que buscais o vivente entre os mortos? Não está aqui, mas ressuscitou. Lembrai-vos como vos falou, estando ainda na Galiléia, dizendo: Convém que o Filho do homem seja entregue nas mãos de homens pecadores, e seja crucificado, e ao terceiro dia ressuscite. E lembraram-se das suas palavras. E, voltando do sepulcro, anunciaram todas estas coisas aos onze e a todos os demais. E eram Maria Madalena, e Joana, e Maria, mãe de Tiago, e as outras que com elas estavam, as que diziam estas coisas aos apóstolos. E as suas palavras lhes pareciam como desvario, e não as creram.

João 20:1-18

E no primeiro dia da semana Maria Madalena foi ao sepulcro de madrugada, sendo ainda escuro, e viu a pedra tirada do sepulcro. Correu pois, e foi a Simão Pedro, e ao outro discípulo, a quem Jesus amava, e disse-lhes: Levaram o Senhor do sepulcro, e não sabemos onde o puseram. Então Pedro saiu com o outro discípulo, e foram ao sepulcro. E os dois corriam juntos, mas o outro discípulo correu mais apressadamente do que Pedro, e chegou primeiro ao sepulcro. E, abaixando-se, viu no chão os lençóis; todavia não entrou. Chegou pois Simão Pedro, que o seguia, e entrou no sepulcro, e viu no chão os lençóis, e que o lenço, que tinha estado sobre a sua cabeça, não estava com os lençóis, mas enrolado num lugar à parte. Então entrou também o outro discípulo, que chegara primeiro ao sepulcro, e viu, e creu. Porque ainda não sabiam a Escritura: que era necessário que ressuscitasse dos mortos. Tornaram pois os discípulos para casa.

E Maria estava chorando fora, junto ao sepulcro. Estando ela pois chorando, abaixou-se para o sepulcro, e viu dois anjos vestidos de branco, assentados onde jazera o corpo de Jesus, um à cabeceira e outro aos pés. E disseram-lhes eles: Mulher, por que choras? Ela lhes disse: Porque levaram o meu Senhor, e não sei onde o puseram. E, tendo dito isto, voltou-se para trás, e viu Jesus em pé, mas não sabia que era Jesus. Disse-lhe Jesus: Mulher, por que choras? Quem buscas? Ela, cuidando que era o hortelão, disse-lhe: Senhor, se tu o levaste, dize-me onde o puseste, e eu o levarei. Disse-lhe Jesus: Maria! Ela, voltando-se, disse-lhe: Rabboni (que quer dizer, Mestre). Disse-lhe Jesus: Não me detenhas, porque ainda não subi para meu Pai, mas vai para meus irmãos e dize-lhes que eu subo para meu Pai e vosso Pai, meu Deus e vosso Deus. Maria Madalena foi e anunciou aos discípulos que vira o Senhor, e que ele lhe dissera isto.

Além das passagens transcritas que indiscutivelmente se referem a Maria Madalena, duas outras passagens têm tido muita importância no entendimento tradicional da santa. A primeira é a história narrada em Lucas que precede imediatamente a apresentação de Maria Madalena. Por causa dessa proximidade, a associação da pecadora com a Maria possuída pelos demônios como também pelo tema da unção, evocativo de Maria Madalena, durante séculos essa mulher foi identificada como Maria Madalena, e essa era a leitura do Evangelho na missa do seu dia de festa.

Lucas 7:36–50
E rogou-lhe um dos fariseus que comesse com ele; e, entrando em casa do fariseu, assentou-se à mesa. E eis que uma mulher da cidade, uma pecadora, sabendo que ele estava à mesa em casa do fariseu, levou um vaso de alabastro com ungüento; e, estando por de-

trás, aos seus pés, chorando, começou a regar-lhe os pés com lágrimas, e enxugava-lhos com os cabelos da sua cabeça; e beijava-lhe os pés, e ungia-lhos com o ungüento. Quando isto viu o fariseu que o tinha convidado, falava consigo, dizendo: Se este fosse profeta, bem saberia quem e qual é a mulher que lhe tocou, pois é uma pecadora. E respondendo Jesus, disse-lhe: Simão, uma coisa tenho a dizer-te. E ele disse: Dize-a, Mestre. Um certo credor tinha dois devedores; um devia-lhe quinhentos dinheiros, e outro cinqüenta. E, não tendo eles com que pagar, perdoou-lhes a ambos. Dize, pois, qual deles o amará mais? E Simão, respondendo disse: Tenho para mim que é aquele a quem mais perdoou. E ele lhe disse: Julgaste bem. E, voltando-se para a mulher, disse a Simão: Vês tu esta mulher? Entrei em tua casa, e não me deste água para os pés; mas esta regou-me os pés com lágrimas, e mos enxugou com os seus cabelos. Não me deste ósculo, mas esta, desde que entrou, não tem cessado de me beijar os pés. Não me ungiste a cabeça com óleo, mas esta ungiu-me os pés com ungüento. Por isso te digo que os seus muitos pecados lhe são perdoados, porque muito amou; mas aquele a quem pouco é perdoado pouco ama. E disse-lhe a ela: Os teus pecados te são perdoados. E os que estavam à mesa começaram a dizer entre si: Quem é este, que até perdoa pecados? E disse à mulher: A tua fé te salvou; vai-te em paz.

Antes de Jesus entrar em Jerusalém, Mateus, Marcos e João relatam uma outra unção de Jesus por uma mulher. No Evangelho de João, a mulher que faz essa unção é identificada como Maria, a irmã de Marta e de Lázaro. A partir da época de São Gregório, o Grande, entendeu-se que esta Maria era Maria Madalena.

João 12:1-8
Foi pois Jesus seis dias antes da páscoa a Betânia, onde estava Lázaro, o que falecera, e a quem ressuscitara dos mortos. Fizeram-

lhe pois ali uma ceia, e Marta servia, e Lázaro era um dos que estavam à mesa com ele. Então Maria, tomando um arratel de ungüento de nardo puro, de muito preço, ungiu os pés de Jesus, e enxugou-lhe os pés com os seus cabelos; e encheu-se a casa do cheiro do ungüento. Então um dos seus discípulos, Judas Iscariotes, filho de Simão, o que havia de traí-lo, disse: Por que não se vendeu este ungüento por trezentos dinheiros e não se deu aos pobres? Ora ele disse isto, não pelo cuidado que tivesse dos pobres, mas porque era ladrão, e tinha a bolsa, e tirava o que ali se lançava. Disse pois Jesus: Deixai-a; para o dia da minha sepultura guardou isto; porque os pobres sempre os tendes convosco, mas a mim nem sempre me tendes.

Finalmente, esta passagem de Lucas foi crucial nas interpretações de Maria Madalena ao longo da Idade Média. A "Maria", irmã de Marta, foi entendida como sendo Maria Madalena, e sua postura contemplativa na presença de Jesus tornou-se um elemento essencial da biografia dela e uma inspiração para os que aspiravam tornar-se contemplativos durante a Idade Média.

Lucas 10:38–42
E aconteceu que, indo eles de caminho, entrou numa aldeia; e certa mulher, por nome Marta, o recebeu em sua casa; e tinha esta uma irmã chamada Maria, a qual, assentando-se também aos pés de Jesus, ouvia a sua palavra. Marta, porém, andava distraída em muitos serviços, e, aproximando-se, disse: Senhor, não se te dá de que minha irmã me deixe servir só? Dize-lhe pois que me ajude. E, respondendo Jesus, disse-lhe: Marta, Marta, estás ansiosa e afadigada com muitas coisas, mas uma só é necessária; e Maria escolheu a boa parte, a qual não lhe será tirada.

Apêndice B

"EVANGELHO DE MARIA"

O Evangelho de Maria *foi descoberto em 1896, como parte de um códice comprado no Egito. O fragmento data do século IV, e a data em que foi composto pode ter sido em algum momento entre meados do século II e o século IV. A maioria dos especialistas o localiza no meio, no século III. Ele contém temas gnósticos, mas pelo menos um dos especialistas argumentou que ele expressa mais o Estoicismo do que o Gnosticismo. Somente poucos estudiosos acreditam que ele revele alguma coisa sobre o Cristianismo primitivo. O título no códice é apenas o* Evangelho de Maria, *não o* Evangelho de Maria Madalena, *como aparece em algumas edições modernas. Ele é reproduzido aqui para desmistificar seu conteúdo e ajudar o leitor a ver a grande distância, não só no tempo, mas também no conteúdo e no tom, existente entre os textos gnósticos e os Evangelhos canônicos. (Fonte: www.gnosis.org/library/marygosp.htm; o texto é traduzido daquele que aparece no website.)*

Capítulo 4
(As páginas 1 a 6 do manuscrito, contendo os capítulos 1–3, estão desaparecidas. O texto existente começa na página 7 ...)

... A matéria então será destruída ou não?

22) O Salvador disse: Todas as espécies, todas as formações, todas as criaturas existem umas nas outras e umas com as outras, e elas vão se separar novamente em suas próprias origens.

23) Porque a natureza da matéria só se separa nas origens de sua própria natureza.

24) Quem tem ouvidos para ouvir que ouça.

25) Pedro lhe disse: Já que nos explicaste tudo, dize-nos também: O que é o pecado do mundo?

26) O Salvador disse: Não há pecado, mas sois vós que criais o pecado quando fazeis coisas que têm a natureza do adultério, que é chamado de pecado.

27) Esta é a razão por que Deus veio para o nosso meio, para a essência de cada espécie, a fim de devolvê-la a suas raízes.

28) Então Ele continuou e disse: Esta é a razão por que vós adoeceis e morreis, porque estais privados daquele que pode curá-los.

29) Aquele que compreende minhas palavras, que as pratique.

30) A matéria gerou uma paixão sem igual, que se originou de alguma coisa contrária à natureza. A partir daí surge um desequilíbrio em todo o vosso corpo.

31) É por isso que eu vos digo: Tende coragem, e se estiverdes desanimados, procurai vossa força nas diferentes manifestações da natureza.

32) Quem tem ouvidos para ouvir, que ouça.

33) Quando o Abençoado disse isso, saudou a todos, dizendo: A paz esteja convosco. Recebei a minha paz.

34) Estai atentos para que ninguém vos desencaminhe dizendo: Por aqui ou por lá! Porque o Filho do Homem está dentro de vós.

35) Segui atrás Dele!

36) Aqueles que O procurarem O acharão.

37) Segui adiante e pregai o evangelho do reino.

38) Não creis quaisquer leis além daquelas que indiquei a vós, e não legisleis como legislador para que não sejam cerceados por elas.

39) Depois de dizer isso, ele partiu.

Capítulo 5

1) Mas eles estavam muito tristes. E se lamentavam, dizendo: Como iremos até os gentios para pregar o evangelho do reino do Filho do Homem? Se eles não O pouparam, como vão nos poupar?

2) Então Maria se levantou, saudou a todos e disse a seus irmãos: Não choreis e nem vos lamenteis, nem hesiteis, porque a Sua graça estará inteiramente convosco e vos protegerá.

3) Mas, antes, vamos louvar Sua grandeza, porque Ele nos preparou e fez de nós Homens.

4) Depois que Maria disse isso, eles voltaram os seus corações para Deus, e eles começaram a conversar sobre as palavras do Salvador.

5) Pedro disse a Maria: Irmã, sabemos que o Salvador te amou mais do que a qualquer outra mulher.

6) Dize-nos as palavras do Salvador que tu lembras, aquelas que só tu sabes, mas nós nem ouvimos.

7) Maria respondeu dizendo: O que estiver oculto de vós eu vos esclarecerei.

8) E ela começou a falar-lhes estas palavras: Eu, disse ela, eu vi o Senhor em uma visão e disse a Ele: Senhor, eu o vi hoje em uma visão. Ele me respondeu e me disse:

9) Bem-aventurada seja aquela que não tremeu à Minha vista. Porque onde está a mente, lá está o tesouro.

10) Eu Lhe disse: Senhor, quem vê uma visão a enxerga pela alma ou pelo espírito?

11) O Salvador respondeu, dizendo: Ele não vê nem com a

alma nem com o espírito, mas a consciência, que está entre os dois, é que tem a visão e ela é [...]
(as páginas 11–14 do manuscrito estão faltando)

Capítulo 8
...ele.

10) E o desejo disse: Eu não te vi descer, mas agora te vejo ascender. Por que mentes, já que pertences a mim?

11) A alma respondeu e disse: Eu te vi. Tu não me viste nem me reconheceste. Eu te servi como uma peça de roupa e não me reconheceste.

12) Depois de dizer isso, ela (a alma) partiu, exultante.

13) Mais uma vez chegou à terceira potestade, que é chamada ignorância.

14) A potestade inquiriu a alma, dizendo: Para onde vais indo? Tu estás presa à iniqüidade. Estás presa; não julgues!

15) E a alma disse: Por que me julgaste, embora eu não tenha julgado?

16) Eu estava aprisionada, embora não tivesse aprisionado.

17) Mas eu reconheci que o Todo está se desfazendo, tanto as coisas terrenas quanto as celestiais.

18) Quando a alma venceu a terceira potestade, subiu e viu a quarta potestade, que assumiu sete formas.

19) A primeira forma é a escuridão; a segunda, o desejo; a terceira, a ignorância; a quarta é a comoção da morte; a quinta, o reino da carne; a sexta, a vã sabedoria da carne; a sétima, a sabedoria colérica. Essas são as sete potestades da ira.

20) Perguntaram à alma: De onde vens, devoradora de homens, ou para onde vais, conquistadora do espaço?

21) A alma respondeu, dizendo: O que me prendia foi eliminado, e o que me fazia voltar foi derrotado,

22) e o meu desejo foi extinto, e a ignorância morreu.

23) Numa eternidade fui libertada de um mundo, e num Ti-

po de outro tipo, e dos grilhões do esquecimento, que são transitórios.

24) Daqui em diante, alcançarei em silêncio o final dos tempos, das estações, da eternidade.

Capítulo 9

1) Quando Maria disse isso, ela se calou, já que fora até esse ponto que o Salvador lhe havia falado.

2) Mas André contestou e disse aos irmãos: Dizei o que desejais dizer sobre o que ela falou. Eu mesmo não acredito que o Salvador tenha dito isso. Pois certamente esses ensinamentos carregam idéias estranhas.

3) Pedro replicou e falou sobre as mesmas coisas.

4) Ele os interrogou sobre o Salvador: Será que Ele realmente falou em particular com uma mulher e não falou abertamente conosco? Devemos mudar de opinião e dar ouvidos ao que ela diz? Ele deu preferência a ela e não a nós?

5) Então Maria chorou e disse a Pedro: Pedro, meu irmão, o que tu estás pensando? Achas que inventei tudo isso, ou que estou mentindo sobre o Salvador?

6) Levi contestou Pedro, dizendo a ele: Pedro, tu sempre tiveste um temperamento exaltado.

7) Agora eu te vejo competindo com uma mulher como se ela fosse um adversário.

8) Mas se o Salvador a fez merecedora, quem és tu para rejeitá-la? Certamente o Salvador a conhece muito bem.

9) E por isso Ele a amou mais do que a nós. Antes, é o caso de nos envergonharmos e assumirmos o Homem perfeito, nos separarmos como Ele mandou e pregarmos o evangelho, não criando nenhuma regra ou lei, além daquelas que Ele nos deixou.

10) E quando eles ouviram isso, começaram a sair para anunciar e pregar.